DICHTERWETTSTREIT deluxe

Mit Beiträgen von

Jara Ahrens ● Eeva Aichner
Tobias Becker ● Bench
Cäcilia Bosch ● Nele Buhmann
Cay Buschmann ● Christine Fritz
Paula Gaess ● Alessa Heimburger
Dominik Heißler ● Ansgar Hufnagel
Ulla Skrue Klomp ● Marie Lemor
Philipp Multhaupt ● Philipp Noller
Riccardo Raps ● Simon Sahner
Jonas Stolz ● Marvin Suckut
Thanu X ● und einem
Vorwort von Sebastian 23

Herausgegeben von

Cäcilia Bosch & Ansgar Hufnagel

Für die beiden Versschleifer und Wortakrobaten
Cäcilia Bosch (*1995) und Ansgar Hufnagel (*1987)
ist die Kunst schon lange Teil ihres Lebens und zur
Selbstverständlichkeit geworden – deswegen gründeten sie gemeinsam das Duo *Einfach so.*

Als Poetry Slam-Team begeistern sie durch erstaunliche Synchronizität, als Kabarettisten mit ihrer Wortgewalt und feinem Humor, in ihren Texten mit Pointen und Treffsicherheit und als Menschen – nun ja – *einfach so.*

Cäcilia Bosch & Ansgar Hufnagel (Hrsg.)

POETRY SLAM FREIBURG

Das Buch.

DICHTERWETTSTREIT deluxe

© 2021 Dichterwettstreit deluxe, Villingen-Schwenningen
www.dichterwettstreit-deluxe.de/impressum

Lektorat: Elias Raatz
Satz, Umschlaggestaltung: T-Sign Werbeagentur
Druck: Druck & Kalendermarketing Sosset GmbH, Kießlegg

Die Deutsche Nationalbibliothek verzeichnet diese Publikation
in der Deutschen Nationalbibliografie;
detaillierte bibliografische Daten sind im Internet über
https://portal.dnb.de/ abrufbar.

Printed in Germany
Gedruckt auf FSC® zertifiziertem Papier

ISBN: 978-3-9820358-4-0
ISBN E-Book: 978-3-9820358-5-7

> Wenn ich gefragt werde:
> ‚Wie schreiben Sie?‘,
> antworte ich ohne zu zögern:
> ‚Ein Wort nach dem anderen.‘
>
> *Stephen King*

Inhalt

Sebastian 23

Mein erster Auftritt bei einem Poetry Slam:
Café Atlantik im Februar 2000

Mein Motto beim Schreiben:
Alles muss raus

Mein Lieblingsort in Freiburg:
Die Panorama-Wiese

Mein Lieblingsbuch:
„Das Foucaultsche Pendel" von Umberto Eco

Ich bin großer Fan von:
PeterLicht

Ohne Kunst wäre die Welt …
… mechanisch.

Vorwort:
Rund um den Freiburger Poetry Slam
Von Sebastian 23

Es gibt in der Freiburger Poetry Slam-Szene eine kurze Phase Ende der 90er, über die ich nichts erzählen kann. Nicht, weil ich geschworen hätte, darüber zu schweigen oder gar die Erinnerung von einer Flutwelle aus Backstage-Bier hinfort gespült worden wäre. Der Grund dafür ist einfacher: Ich war nicht dabei.

Als ich Anfang 2000 zum ersten Mal die Bühne des Café Atlantik betrat, gab es den Poetry Slam dort schon seit über zwei Jahren. Es wehte dennoch eine frische, anarchische Brise durch das Gemäuer, der Slam hatte wenige bis gar keine Regeln und wer gewann, erhielt den kaputten Toaster des Moderators. Für den letzten Platz hingegen gab es eine Flasche feinen Whiskey, die ich damals auch sofort „gewann", wenn auch unfreiwillig.

Es tummelten sich Menschen mit Gitarre auf der Bühne, wie zum Beispiel Judith Holofernes und Jan Koch, es gab einen promovierten Hippie mit Pippi Langstrumpf-Zöpfen, der sich „Gereon, der leuchtende Adler" nannte und einen gewissen Felix Römer, der jeden Monat das gleiche Gedicht über ein bekifftes Kamel vortrug. Und der sehr viele kaputte Toaster mit nach Hause nahm. Mittendrin ein durchgeknallter Philosophie-Student, der gemeinsam mit einem Jongleur namens Lukas Gedichte improvisierte, indem sie jeweils abwechselnd ein Wort sagten. Das war ich.

Irgendwann fing der Moderator, ein geradezu übertalentierter Mann namens Thompson, damit an, alle Leute, Künstler*innen, Publikum und Thekenkräfte nach der Show in seine WG in die Lessingstraße einzuladen. Dort war man dann gleichzeitig zur Übernachtung untergebracht.

Alles war überaus chaotisch und niemand hätte damit gerechnet, dass aus diesem wilden Wahn etwas Nachhaltiges entstehen würde. Geschweige denn, dass es der Startpunkt für viele Künstlerinnen und Künstler in eine kreative Karriere sein würde, für manche sogar zu Ruhm und Reichtum. Hätten wir es geahnt, hätten wir uns wohl mit Händen und Füßen dagegen gewehrt, denn derlei Dinge waren für uns „bürgerliche Kategorien", wie Marc-Uwe Kling gesagt hätte. Und doch ist es so gekommen.

Aber es war ein weiter Weg, den die Szene in den letzten zwanzig Jahren gegangen ist, nicht nur in Freiburg, auch im Rest des deutschsprachigen Raumes. Während anfangs fast ausschließlich Menschen aus Freiburg und Umgebung auftraten und der regelmäßig aus Basel anreisende Gabriel Vetter schon als exotisches Ereignis galt, vernetzte sich die Szene zunehmend überregional. Man lud sich gegenseitig zu den Slams in der jeweiligen Heimatstadt ein und erhielt dafür zwei Freigetränke sowie einen Schlafplatz auf irgendeiner WG-Couch.

So kam es, dass frühe Stars der Szene Freiburg besuchten, wie beispielsweise Lasse Samström, der die Bühne mit den Worten betrat: „Was soll das eigentlich heißen: Freiburg? Das ist doch ein Widerspruch in sich!"

Und langsam, ganz langsam, wurde das Unterfangen seriöser. Thompson stieg als Moderator aus, nachdem die Aftershow-Partys einmal zu oft aus dem Ruder gelaufen waren. Im Jahr 2006 übernahm ich Moderation und Organisation der Veranstaltung. Zwar lud ich vermehrt Slammer*innen aus anderen Städten ein, zumal es jetzt sogar richtige Schlafplätze gab. Den Schwerpunkt jedoch ließ ich auf lokalen Künstler*innen, die diesen monatlichen kreativen Freiraum bestens zu füllen wussten. Meistens zumindest.

Natürlich gab es auch Fälle wie den Mann, der auf die Bühne kam, eine gefühlt endlose Minute lang nichts sagte und anschließend raunte: „Ihr wisst schon!" Dann schwieg er erneut für eine Minute, um danach zu statuieren: „Wenn Menschen fliegen könnten, würden die überall hinkacken."

Oder die Dame, deren kompletter Vortrag hierin bestand: „Schmetterling. Du landest auf einer Blume. Ich sehe dich an. Du siehst mich an."

Ich persönlich fand beides ziemlich stark, aber das Publikum war eher gespalten. Dafür traten drumherum halt Leute wie Marc-Uwe Kling, Sebastian Lehmann oder Nora Gomringer auf. Dazu kamen immer wieder internationale Slam-Stars wie Mike McGee aus Kalifornien, Vanessa Kisuule aus London, Dareka Daremo aus Paris oder Olivia Bergdahl aus Göteburg. Genau diese Mischung aus freilebendem Chaos und kunstvoller Gestaltung des gesprochenen Wortes ist es, die nicht nur das Publikum feiert, sondern die auch mich bis heute an dieser Kunstform begeistert.

Eines Tages, Ende 2009, stand eine gerade 15-jährige, neue Slammerin auf der Bühne im Atlantik und riss von da an monatlich alles mit Sprachgewalt und Humor ab. Nach einigen Jahren sollte Sophie Passmann nicht nur mit dem späteren Moderator des Freiburger Slams, Tobias Gralke, eine eigene Latenight im Theater Freiburg starten, sondern über Radio, Fernsehen, ihre Bücher und vor allem die Sozialen Medien deutschlandweit bekannt werden. Bis dahin war der Slam im Atlantik eine große Show mit regelrechten Stars und es gab so viele neue, auftrittswillige Leute in der Stadt, dass weitere Poetry Slams entstanden und die Vielfalt der lokalen Szene erweiterten. Neben dem Slam in der MensaBar, der eher den Charakter eines Open Mic hatte, gab es natürlich die monatliche Veranstaltung im Räng Teng Teng, die lokal ausgerichtet war.

Ein großes Highlight waren die baden-württembergischen Poetry Slam-Meisterschaften 2012, deren Finale den Großen Saal im Theater ausverkaufte und die mit Tobias Gralke ein Freiburger Slammer für sich entscheiden konnte. Da ich schon lange nicht mehr in Freiburg lebte, sondern im fernen Bochum eine Familie gegründet hatte, gab ich nach diesem Höhepunkt 2013 die Zügel des Slams im Atlantik aus der Hand. Damit begann eine Zeit, über die ich wenig erzählen kann. Nicht, weil mein Gedächtnis langsam mürbe wird oder weil der Platz für dieses Vorwort langsam knapp wird. Der Grund dafür ist einfacher: Ich war nicht dabei.

Doch eine Sache ist sicher: Die Freiburger Slam-Szene ist größer und vielfältiger als je zuvor. Mittlerweile gibt es noch einen dritten regelmäßigen Slam und viele aus der Szene entsprungene Ableger, Workshops und Projekte. Vor allem aber gibt es spannende Künstler*innen – den besten Beweis halten Sie mit diesem Buch selbst in der Hand.

Viel Spaß beim Lesen und bei den Poetry Slams in und um Freiburg!

Ihr Sebastian 23

Einfach so

Unser erster Auftritt bei einem Poetry Slam:
14.06.2017, The Great Räng Teng Teng, Freiburg

Unser Motto beim Schreiben:
Einfach so raus damit

Unser Lieblingsort in Freiburg:
Guenter Coffee Roaster

Unser Lieblingsbuch:
„Sophia, der Tod und ich" von Thees Uhlmann

Wir sind großer Fan von:
Chada-Thai, Hängematten, Eichhörnchen, Ladykracher

Ohne Kunst wäre die Welt …
… voller Brot!

Freiburg
Von Einfach so

Freiburg, du Stadt der Städte, du Vorzeigemodell, du Supermodel, du bist so grün, alle beneiden dich darum. Du hast genau die richtigen Maße.

Wobei, wenn du weiter so wächst, wird es bald ganz schön eng in dir. Du alte Diva, über 900 Jahre hast du auf dem Buckel, du brauchst es immer extravagant. Nehmen wir zum Beispiel die Säule der Toleranz, die macht Alarm bevor sich die ganze Nachbarschaft verschanzt.

Freiburg, dich kann man nicht vergleichen, wer soll dir denn schon das Wasser reichen? Bei den ganzen Bächle! Die haben angeblich sogar magische Kräfte – wer in sie hineintritt, muss eine*n Freiburger*in heiraten – eine*n Bobbele.

„Aber ich bin gegen die Zwangsehe!"

„Dein Problem."

Das Lieblingsautokennzeichen aller Freiburger ist FRee oder FRei und selbst beim Kurzfahrstreckenticket bist du endlich mit dabei.

Freiburg, du hast mehr Bordelle als Diskotheken, im Stadtkern sind über 40 Bäcker zu sehen. 11 DM-Filialen, 5 Alnatura-Supermärkte, 12 Secondhand-Läden und 29 Yoga-Studios finden in dir Platz.

Du bist die Stadt, in der fast jede Dönerbude eine vegane Auswahl hat.

Und das vegane Restaurant El Haso wurde zum Littel Haso und in das El Haso ist jetzt ein Steakhouse eingezogen. Meat and Greet. Da muss man sich seine Gags ja gar nicht mehr ausdenken. Das ist großartig, einfach großartig, Freiburg!

Freiburg, du bist so alternativ, bei dir kann die Alternative für Deutschland einpacken.

Freiburg heißt: bio-vegan einkaufen und mit dem SUV vorfahren, mit dem E-Bike und Barfußschuhen die Kleinen zum Waldkindergarten bringen und auf der Straße, wenn Musiker spielen, sich dazu stellen, um mitzusingen.

Freiburg, du bist so hipp, bei dir gibt es etwa 40 Poetry Slams im Jahr und mindestens die Hälfte davon endet in einem fucking happy Hippiesieg!

Ich bin kein Hippie, bin kein HippieHappyHipster. Schau mich an, ich trag Jackett, kurze Haare, keine Dreads – ich bin kein Hippie. Wir haben auch keinen ausgebauten VW Bus in dem wir schlafen können. Nein, um genau zu sein ist ein Citroen Berlingo.

Wir tragen unsere Kinder auch nicht in selbst gebatikten Tragetüchern durch die Stadt. Denn wir haben noch keine.

Freiburg, du bist Hippie, Happy, Hipster, wenn man dich besucht sieht man an jeder Ecke Blitzer. 30 km/h bei Nacht, zum Lärmschutz für die Spießer. Wir chillen lieber an der Dreisam Digga – denn wir sind Genießer.

Und jetzt mal Tacheles: Heißt es Rank-acker-weg oder Ran-kacker-weg? Und was ist eigentlich mit dieser Sautier-Straße? Ach, das ist französisch? Oh, pardon.

Freiburg, du hast den FreiBurger und den Freibürger. Du hast ein Frauennachttaxi, das fast niemand benutzt, du bist die GreenCity schlechthin, dein Image schön rausgeputzt.

Freiburg, du hast Volker Finke und Christian Streich, du hast den SC, Freiburg, du bist reich.

Zumindest muss man reich sein, um hier leben zu können.

Du hast eine Schauspiel- und eine Musical-Schule, aber keiner kennt sie.

Über deine Blaue Brücke radeln täglich 10.000 Menschen, das ist doch echt fancy. Fährt man von dort aus Richtung Innenstadt weiter kommt der Platz der Alten Synagoge.

Und gegenüber steht „DAS RAUMSCHIFF!", es kann sich nur noch um Monate handeln, bis die erste Staffel gedreht wird.

Von extra3 wurde es in der Kategorie „Die irrsten Uni-Bibliotheken Deutschlands" übrigens auf Platz 3, 2 und 1 gewählt. 53 Millionen Tacken und es sieht blendend aus. Ein Raumschiff eben.

Allerdings gibt es zu wenig Plätze für die ganzen lernwütigen Studierenden.

Freiburg, was die Miethöhen angeht, bist du auch stetig unter den Top Ten Städten in Deutschland. Freiburg, du bist spitze. Du hast Spitzenwerte.

Du hast die Dreisam und du hast einen Hausberg. Du hast einen fucking Hausberg Freiburg!

Du hast Stefans Käsekuchen und der ist legendär, nur wegen ihm kommen die 3 Millionen Touristen jährlich hierher.

Nicht wegen dem Wahrzeichen Nummer 1, dem Freiburger Münster, das sieht man ja sowieso nie wegen den Gerüsten. Immer wird irgendwo restauriert – ist die eine Seite fertig, geht es an der anderen weiter, das ist der ewige Kreislauf. Wann brechen wir da endlich aus und restaurieren stattdessen mal die leerstehenden Häuser?

Auf ein Zimmer in Freiburg hast du 300 Bewerber*innen, du Hochburg der Barfußschuhläden! Mit deinen 230.000 Einwohner*innen, von denen 25.000 Studierende ausmachen.

Und bestimmt jeder zweite trägt Barfußschuhe, oder gar keine Schuhe. Barfußschuhe können wir übrigens wärmstens empfehlen. Die sind saubequem, gut für die Haltung, wegen der Stärkung der Tiefenmuskulatur und so leicht. Mit Einhorn an der Spitze – sind wir zu allem bereit.

Bei uns nimmt fast niemand gegen Masern eine Spritze – du Hochburg der Impfgegner und Globulifresser und die Frage ist berechtigt: „Was macht denn die Gesundheit besser?"

Freiburg, du bist so grün, eigentlich müsste Gras legal sein.

Freiburg, das ist mit einem kühlen Bier in der Hand beim ZMF auf den Hügeln sitzen, beim kleinen Opfinger im FKK-Bereich entspannt in der Sonne schwitzen.

Freiburg, das ist über den Bogen der blauen Brücke balancieren, das Holbeinpferdchen neu lackieren, im Bermudadreieck verlorengehen, auf dem Schlossbergturm stehen und den Ausblick genießen. Hinter dir der Schwarzwald, vor dir die Rheinebene mit Blick auf die Vogesen. Und nein, das sind nicht die Pyrenäen und nicht die Alpen.

Freiburg, was sollen wir wirklich von dir halten?

Paula Gaess

Mein erster Auftritt bei einem Poetry Slam:
Im Sommer 2018, im Räng Teng Teng

Mein Motto beim Schreiben:
Unter Zeitdruck schreibt es sich am besten

Mein Lieblingsort in Freiburg:
Die Schneeburg auf dem Schönberg

Mein Lieblingsbuch:
„Vom Ende der Einsamkeit" von Benedict Wells

Ich bin großer Fan von:
Schlechtem Wetter und Ausschlafen

Ohne Kunst wäre die Welt …
… ein nie endender Lockdown.

Sommer
Von Paula Gaess

Wir saßen gefühlt vorgestern noch hier mit einem
Glas Wein,
nur wir zwei, ganz allein.
Irgendwo zwischen Liebe und Leben,
irgendwie zwischen nehmen und geben.
Nirgendwo ganz Zuhause.

Erst recht noch nicht angekommen,
auf der Durchreise,
und vom vielen Wein trinken ganz benommen.
Die Hitze war so schwer
und mein Kopf für deine Gedanken viel zu leer.
Ein langer Sommer mit vielen Fragen,
noch längeren Tagen,
der liegt nicht nur mir schwer im Magen.

Die Frage: „Wohin nur?",
tickt laut an der Wand, wie eine ungeduldige Uhr.
Und ich frag mich, wohin mit mir und mit dir?
Bleibst du noch ein bisschen hier?
Bist du noch da, wenn der Sommer vorbei ist?
Wenn ich dort und du irgendwo bist?
So oft bist du gekommen und wieder gegangen,
schon so oft mussten wir uns wieder auffangen.
Wo wird die Reise dieses Jahr hingehen?
Werden wir am Ende noch nebeneinander stehen?

Deine Augen lachen und du nimmst einen Schluck,
wie du da im Abendlicht stehst,
mir erzählst, was dich so bewegt,
da fällt mir wieder auf, wie schön du eigentlich bist.
Und ich frage mich, ob du das auch manchmal
denkst.

Ich glaube schon, denn egal wo ich war,
du warst immer irgendwie da.
Mein stiller Begleiter,
immer auf den Lippen ein:
„Du schaffst das, mach weiter."
Immer wieder gefunden, immer wieder verbunden,
immer wieder verwunden.
Lange Jahre, jahrelang,
jedes Mal ein Ende und wieder ein Neuanfang.

Wir waren zu wenig für nichts und zu viel für dich.
Ein leises Flüstern: „Bitte verlier mich nicht",
immer und immer wieder.
Zusammen allein und ständig auf dem Sprung,
dachte ich, so ist das halt, ich bin ja noch jung.
Ungebunden und frei,
mal zusammen und schon wieder vorbei.

Und heute Mittag,
da legte der Himmel seine Lasten nieder,
Regen nahm mit, was schwer geworden war,
und so tanzten wir mal wieder zu den alten Liedern,

Himmel erwacht, ich allein und du, wo warst du da?
Schon wieder gegangen?

Seit heute weiß ich mehr,
der Kopf seit gestern nicht mehr leer.
Der Regen brachte Antworten auf so viele Fragen.
Fragen, die mich schon verdammt lange plagen.

Wenn meine Welt Kopf stand, dachte ich,
du hättest mich gehalten, damit ich nicht falle,
nicht mit Wucht auf den Realitätsboden knalle.
Doch komischerweise hast du meistens zugesehen,
bist weder weggegangen,
noch hast du mich aufgefangen.

Mein stiller Begleiter,
dachte, es würde immer so gehen, immer weiter.
Bis ich merkte, ich war mit dir zwar immer weniger
allein, aber auch meistens einsam.

Von Smalltalk zu Deeptalk zu: „Wann haben wir
verlernt, dieselbe Sprache zu sprechen?"
Wenn ich: „Komm mit", sage, sagst du Abstand.
Wenn ich auf Berge klettere, liegst du am Strand.
Wenn du sagst: „Bleib hier",
hält mich nichts wirklich bei dir.

Wir waren zu lang
die Playlist, die man nicht mehr hören kann.

Und zu wenig Versprechen,
für viel zu viel zerbrechen.
Vom Herbst in den Frühling,
im Sommer verbrannt,
im Winter gemeinsam in die Einsamkeit verbannt.

Doch als ich auf dem Berg stand
und dich so sah, liegend im Sand,
da wusste ich erst, wer mein stiller Begleiter ist,
und ich wusste, dass es nicht du bist.
Auch nicht der Wein,
der macht uns nur weniger allein.
Der Mensch, der da auf dem Gipfel stand,
der ist da schon immer hochgekommen,
hat ohne dich schon immer alle Berge erklommen.
Mein stiller Begleiter, mein inneres weiter,
der Mensch, der mich auffängt,
der meine Richtung lenkt.
Das bist nicht du!

Und gestern Abend, als die großen dunklen Wolken
aufzogen,
der Himmel seine Lasten niederlegte,
der Regen über Berge und Strände fegte,
mitnahm, was schwer geworden war,
da tanzte ich allein zu den alten Liedern.
Und als ich erwachte, der Regen verschwunden,
da warst du es auch,
und wir nicht mehr verbunden.

Heute komme ich noch nicht an,
morgen vermutlich auch nicht,
aber bestimmt irgendwann.
Bin immer noch auf dem Sprung,
aber das ist auch okay, ich bin ja noch jung.

Ich habe jetzt keine Angst mehr vor Handständen
im Leben,
weil ich weiß, es wird immer helfende Hände geben.
Und wenn mal ein Berg zu hoch ist,
dann muss ich eben weiter,
aber immer mit meinem eigenen inneren Begleiter.

Und Wein mag ich auch morgen noch.
Und der Sommer ist mir auch immer noch zu heiß,
aber es gibt eines, was ich jetzt eben besser weiß:
Ich bin mit dir nicht weniger allein
und das soll so auch überhaupt nicht sein.
Ich war allerdings bei dir sehr einsam,
weil ich dir oft, aber du nie mir gehört hast.
Und weil während du mein Zuhause warst,
ich eben nur bei dir zu Gast.

Morgen laufe ich dir beim Bäcker über den Weg,
und siehe da, du sagst: „Bleib hier."
Und ich hoffe,
ich hoffe nie wieder hält mich was bei dir.
Weil ich gehör, Gott sei dank,
schlussendlich für immer nur mir.

Cay Buschmann

Mein erster Auftritt bei einem Poetry Slam:
2012 beim Textkotze?!-Slam im KuCa

Mein Motto beim Schreiben:
Verweile doch, Idee, du bist so schön

Mein Lieblingsort in Freiburg:
Die blaue Brücke

Mein Lieblingsbuch:
„Gottes Werk & Teufels Beitrag" von John Irving

Ich bin großer Fan von:
Gerechtigkeit und Solidarität (ist keine Band)

Ohne Kunst wäre die Welt …
… einfallslos (wie diese Antwort).

Green City Life
Von Cay Buschmann

I

Sie nannten ihn Steve, den „alternativen" Steve. Oder noch besser, wie er sich selbst im Internet nannte: AlternaSteve.

Ein Mann ohne Eigenschaften. Dafür mit Idealen und Moral, die er hinaus in Welt schreit und in den alles aufsaugenden, gigantischen Universumsschwamm der (a)sozialen Netzwerke schreibt. Denn ein Post ist der erste Schritt in ein neues Leben. So schreibt er: „Ihr könnt mich alle mal. Ich bau´ jetzt selber an!"

Die erste Aufregungswelle seiner drastischen Lebensveränderung hatte er sich sicher anders vorgestellt, denn primär musste er einige seiner alten Kiffer-Freunde unbefriedigt abwimmeln, die das Ganz irgendwie missverstanden hatten. Mit Drogen oder ähnlichem habe er natürlich nichts am Hut, er hat ja Ideale und Moral.

Trotzdem begann er die Umsetzung seines rigoros rebellischen Revolutionsplans: Selbstversorger sein. Frei von Industrie, Wirtschaft, Konsum und dem Markt. Ohne Geld, ohne Sorgen – frei und unabhängig. Nur er selber und Natur pur.

Nachdem er sich zur besseren Planung seines Lebenswandels das Buch *Selbstversorgung – Der Kompakt-Ratgeber* über seinen Amazon Prime-Account bestellte, hegte er erstmals den leichten Verdacht eines logischen Denkfehlers.

Dennoch steht er jetzt demeterhaft da und pflanzt auf seiner gewaltigen Agrar-Anbaufläche mit knapp über 90 Hektar an. Beziehungsweise keine richtigen Hektar, eher Hektoliter – mehr gibt sein Balkon nicht her. Aber das ist AlternaSteve egal, schließlich hat er ja Ideale und Moral.

So steht er breitbeinig im fair gehandelten Che-Guevara-Shirt auf seinem Balkon und hantiert bedrohlich mit einer Packung Bio-Setzkartoffeln.

„Nie mehr Supermarkt!", heißt seine Losung.
Radieschen im Blumenkasten; Anzahl: 3.
„Endlich gesund und bewusst leben!"
Mini-Karöttchen im Töpfchen; Anzahl: 7.
„Bio? Logisch!"
Übersichtliches Schnittlauchbeet in der Müslischüssel; Anzahl: 1.
„Nie mehr Konsumabhängigkeit!"
Unästhetische Tomatenstauden im Kräuterkübel; Anzahl: 4.
Nur die Petersilie produziert bereits einen deutlichen Überschuss, nur ist die allein halt leider nicht allzu sättigend.

II

Steve hat Hunger, doch sein Garten des Anarchismus und der Unabhängigkeit (kurz: GAU) wirft kaum etwas ab. Zwei ganze Monate hat er geackert, gesät, gedüngt, gegossen, gehegt und gepflegt. Und was hat er davon? Nichts. Obwohl das nicht ganz stimmt, denn eine Sache hat er: Einen Scheiß. Einen Scheiß hat er davon! Und Petersilie.

Vielleicht – nur vielleicht – hätte er nicht erst im Spätherbst seinen Selbstversorger-Plan beginnen sollen? Die Tomatenstauden verkümmern hier im sonnenarmen Winter eben. Doch wer konnte das schon ahnen? Steve nicht. Schließlich gibt es Tomaten im Supermarkt auch zu jeder Jahreszeit. Zudem fehlt von seinen Mini-Karöttchen jede Spur und die Radieschen haben sich auch verkrochen. Der Schnittlauch sieht aus wie Dresden ´45. Nur die Petersilie-Ernte ist erneut herausragend ausgefallen.

III

AlternaSteve lässt sich nicht unterkriegen, schließlich hat er ja Ideale und Moral. Und ein Zitat von Mahatma Gandhi in der Hinterhand. „Sei du selbst die Veränderung, die du dir wünschst für diese Welt", schreibt er mit Kressesamen als grünende Selbstmotivation auf sein Vertikalbeet.

Schritt für Schritt versucht er, unabhängiger zu werden, auch in Bezug auf das Trinkwasser: Er gräbt einen eigenen Brunnen direkt vor dem Mehrfamilienhaus. Dass er dabei eine Abwasserleitung anbohrt und ihm kurze Zeit wortwörtlich die Kacke um die Ohren fliegt, hält ihn nur kurzfristig auf.

Immer öfters gibt er außerdem ungefragt Tipps für andere. „Und wenn ich mir keinen ekelhaft giftigen #kunstdünger kaufen will, dann kack´ ich mir halt in den Blumenkasten – das düngt auch!", zetert er auf Twitter, damit auch die ganze Welt von seinen Idealen, seiner Moral und der neuen Beschäftigung mitkriegt.

Mittlerweile beleidigt er auf offener Straße Menschen, die mit Plastiktüte aus dem Supermarkt kommen, als „Konsumopfer" und „Huren der Marktwirtschaft". Das macht er weniger als Gesellschaftskritik, sondern eher, weil er verdammt großen Hunger hat. Auch sein hoffnungsvoll frisch angepflanzter Kürbis ist nach kurzer Zeit im Kübel krepiert.

Die unnützen Setzkartoffeln hat er inzwischen wieder ausgebuddelt und einfach so gegessen. Klar, nachhaltig gedacht war das nicht, aber immerhin lecker. Ein Drei-Kartoffel-Auflauf. Natürlich mit Petersilie, denn die hat er ja vorrätig.

Leider schlug auch AlternaSteves letzter Coup aus dem Internet eher fehl, statt wie eine Bombe ein: die kuriose Kreuzung TomTatoe – halb Tomato, halb Potato, die oben Tomaten und gleichzeitig unten Kartoffeln produziert. Einfach genial! Doch aus für Steve unerfindlichen Gründen zeigt der Grüne Daumen bald nach unten und er muss auch dieses gute Stück auf dem Kompost der Erfolglosigkeit beerdigen.

Die Schmach des Einkaufens will er dennoch nicht auf sich nehmen. Peinlich, wenn dieses Schweinesystem über ihn triumphieren würde. Denn schließlich hat Steve ja Ideale und Moral. Und Gandhi hat auch gefastet.

IV

Steve wird immer blässer und dünner, statt biologischer und dynamischer. So kam eines schönen Tages der Moment, seitdem er sich seine verkümmerten Radieschen von unten ansehen muss. Als stummer Zeuge seines einsamen Kampfes gegen den Kapitalismus bleibt die ausgiebig erntereife Petersilie.

Die ungedüngte Wahrheit dieser Geschicht´:
Steve hat zwar alles verloren, aber seine Ideale und Moral, die nicht.

Jara Ahrens

Mein erster Auftritt bei einem Poetry Slam:
The Great Räng Teng Teng im Januar 2020

Mein Motto beim Schreiben:
Mit Kunst die Welt ein bisschen verändern

Mein Lieblingsort in Freiburg:
Dreisamufer

Mein Lieblingsbuch:
„The thing around your neck" von C. N. Adichie

Ich bin großer Fan von:
Biberbande und Gleichberechtigung

Ohne Kunst wäre die Welt ...
... trostlos.

Wasser im Boot

Von Jara Ahrens

Ein winziges Boot,
vollgestopft mit Menschen,
der Sauerstoff wird knapp,
er kann kaum noch richtig denken,
zwischen Armen, Schultern
und weinenden Kindern,
er kann ein Zittern nicht verhindern.
Das Boot,
das schaukelt Richtung neues Leben,
ihm ist schlecht vor Angst,
er will sich übergeben.

Umgeben von Menschen, doch irgendwie allein,
seine Träume so groß,
doch er so jung und klein.
Er schaut zu den Sternen,
sie geben ihm Mut,
das Gefühl, Teil eines Ganzen zu sein,
tut ihm eigenartig gut.

Doch dann fällt der Schlaf über ihn,
Träume schwer wie Blei.
Schmerzvolle Bilder der Vergangenheit
ziehen an ihm vorbei.
Seine Mutter in der Nacht,
sie schreit: „Wir müssen hier raus!"

Im Rückspiegel eines rasenden Autos
das zerbombte Haus.
Unterdrückte Tränen,
Abschied, Versprechen,
der Wille in ihm es niemals zu brechen.

Und dann rennen, rennen,
Sonnenbrand und Durst,
sein Herz schlägt schnell,
sein Atem geht kurz.
Laute Männerstimmen,
Flutlicht in der Nacht,
Schmerzensschreie,
Stacheldraht,
Träume von der Überfahrt.

Ein winziges Boot,
vollgestopft mit Menschen,
Vertrauen in das große Ganze,
es wird sie schon irgendwie lenken.
Doch das Meer ist groß und das Boot so klein,
durch ein unbemerktes Loch dringt stetig Wasser ein.

Ein letzter Blick zurück,
die Füße von Blut rot
und dann wacht er auf.
„Wasser!", ruft jemand, „Da ist Wasser im Boot!"
Emsige Hände schöpfen,
doch es ist nicht aufzuhalten

und auf den Gesichtern ringsherum
bilden sich Sorgenfalten.

In der Ferne liegt ein Schiff,
doch es sieht sie nicht,
denn Zeit ist Geld
und die Grenzen sind dicht.
Schon schwappt die erste Welle über,
dann die zweite, dann die dritte.
Das überfüllte kleine Boot,
gefüllt mit Wasser bis zur Mitte.

Keine Rettung in Sicht,
denn die wird abgehalten,
von der starken Festung Europa,
Kapitalismus, Staatsgewalten.
Und das Boot, es sinkt und sinkt,
manche klammern in verzweifelter Hoffnung
und manch ein anderer springt.
Eine Mutter, ihr Kind an sich geklammert,
ein letztes Wiegenlied auf den Lippen,
das im Rauschen der Wellen verstummt
als die beiden für immer verschwinden.

Der kleine Junge war wie erstarrt,
das konnte doch nicht sein,
war dies das Ende seiner Fahrt?
Was war mit den ganzen Sachen, die er machen wollte
und all den vielen Menschen, die er treffen sollte?

Er hatte so große Träume und war noch so klein,
er hatte nie jemandem etwas getan,
wieso sollte es jetzt schon vorbei sein?
Doch weder das Meer, noch die Regierung,
kannte Mitgefühl oder Erbarmen,
alle gingen unter in dieser Nacht
und niemand kennt ihre Namen.

Durch die Wasseroberfläche sieht er die Sterne,
doch sie verblassen mit jedem Meter, den er sinkt.
Ihm ist, als ob der Gesang seiner Mutter
von Ferne an sein Ohr dringt.
Der erste Atemzug ohne Sauerstoff,
erst einer, dann zwei.
Am Anfang tut es noch höllisch weh,
dann ist alles vorbei.

Wir sitzen vor unseren Bildschirmen:
Tagesschau, Twitter und YouTube,
doch nach zu vielen verstörenden Bildern
ist dann auch irgendwann gut.

Ich höre die Schreie,
ich klicke es weg,
schäme mich dann
für mein scheiß Privileg,
kurz noch retweeten,
ist ja wichtig,
doch dann schlafen gehen.

Ich will die Bilder vergessen,
will nichts mehr fühlen,
will nichts mehr hören,
will nichts mehr sehen.

Doch mir ist übel,
jedes Mal, wenn ich schweige,
fühle mich hilflos,
nutzlos und feige.
Stille ist tödlich,
ich möchte sie brechen,
kann ich auch sonst nichts,
so kann ich doch ich sprechen.

Und während ich hier rede
sind draußen wieder Boote
und morgen gibt es neue
namenlose Tote.

Jeder Tod im Mittelmeer
ist schlicht und einfach Mord,
das sind Menschen wie du und ich,
holen wir sie endlich an Bord.
Denn ganz ehrlich:

Unser Leben ist nicht mehr wert,
als das der Menschen in den Booten
und trotzdem würde mehr passieren,
wäre ich unter den Toten.

Tobias Becker

Mein erster Auftritt bei einem Poetry Slam:
Oktober 2017 im Café Atlantik in Freiburg

Mein Motto beim Schreiben:
Einfach machen macht's einfach

Mein Lieblingsort in Freiburg:
Das Dreisamufer

Mein Lieblingsbuch:
„Vom Leben gezeichnet" von Harald Martenstein

Ich bin großer Fan von:
Helge Schneider

Ohne Kunst wäre die Welt …
… ein schwieriger Ort.

Schnelllebigkeit
Von Tobias Becker

Ich studiere im 26. Hochschulsemester und bin nicht besonders stolz darauf. Wobei, wenn ich recht überlege, mittlerweile schon. Aber darum soll es in diesem Text gar nicht gehen – sondern um Schnelllebigkeit, dieses von allen Menschen so gar nicht gemochte und so sehr gelebte Wort *Schnelllebigkeit*. Dieses Wort, das, wenn ich es höre, meinen Blutdruck wie starker Espresso erhöht. Dieses Wort, das meinen Herzschlag noch weiter beschleunigt, wenn ich es geschrieben sehe: *Schnelllebigkeit*; Trippelkonsonant, es lebe die deutsche Rechtschreibung.

Wo war ich stehen geblieben?
Ich studiere im 26. Hochschulsemester und bin stolz darauf, alles andere wäre eine heuchlerische Lüge. Um mich herum studieren junge Hüpfer, die einen Großteil der Woche damit verbringen, ihre Studienzeit zu regeln, um die Regelstudienzeit einzuhalten. Ich schätze, für diese Form der Organisation benötigen sie ein zusätzliches Semester, vielleicht sogar zwei. Die Hochschulen wollen das so, schließlich müssen die Studierenden in dieser schnelllebigen Zeit lernen, mit der ihnen gegebenen Zeit umzugehen und die geforderten Leistungen in dem entsprechenden Zeitraum zu erbringen. Das nennt sich dann Kompetenz.

So gut wie jeder kommt irgendwann in seinem Studium an den Punkt, an dem alles zu viel erscheint. Klausuren und Hausarbeiten häufen sich, manchmal ist es das Examen oder die Abschlussarbeit. Nichts will mehr in den von Studienquatsch überlaufenden Kopf hinein. Panik bricht aus.

In dieser Panikphase werden die Studierenden zu Monstern. Schwarze Ränder umrahmen die weit aufgerissenen Augen, das Haar liegt wild um ein bleiches Gesicht, der Blick ist irgendwo zwischen gehetzt und irre. Soziale Kontakte werden auf ein Minimum heruntergefahren und die Mitmenschen grundlos angegiftet. Manchmal hält diese Phase Monate an, die Gesichtszüge sind ähnlich verärgert und ausgedünnt wie der Freundeskreis, der nur noch aus Kommilitonen und manchmal einem frustrierten Lebenspartner besteht. Alles leidet.

Am Ende schaffen es die Studierenden meist – wie auch immer. Jetzt sind sie hochverschuldete, arbeitslose Akademiker und haben trotz aller Mühen auf dem Abschlusszeugnis nur eine „katastrophale 2" vor dem Komma und die Regelstudienzeit um ein Semester überschritten, vielleicht sogar zwei.

Meine Mitbewohnerin war zum Ende ihres Studiums ebenfalls in einer Panikphase. Da ich mich anscheinend gut als Gesprächspartner für sensible Themen eigne, kam sie oft an den Küchentisch, um mit mir darüber zu reden. Ich kann nicht besonders gut trösten, aber gut die Klappe halten und in den richtigen Momenten „Ja" und „Mensch" sagen. Das nennt sich gutes Zuhören und tröstet zumindest ein bisschen. Gestern haben wir uns am Küchentisch unterhalten: Sie bereut ihr Auslandsjahr in Argentinien, das sie ein Semester zu viel gekostet hat und ihr jetzt den ganzen Lebenslauf ruiniert – oder war es in Costa Rica? Jedenfalls hilft jetzt nur noch ein 1-Komma-irgendwas-Master, selbst dann wird es schon schwierig mit dem Doktortitel…

„Ja, Mensch", hatte ich geantwortet und sie genickt. Dann nahm sie ein aufgetautes Wecken, bestrich es mit Butter und legte es neben irgendwelches Gemüse in ihre Tupperdose. Am nächsten Morgen musste sie um fünf Uhr raus.

Ich knabberte das letzte Fleisch von meinem Perlhuhn, verschloss den Jahrgangswein und erklärte mein Abendessen für beendet. 21 Uhr, die Nacht konnte beginnen. Ich überlegte, was ich damit anfangen sollte. Im Kino war ich erst, nach mehr Alkohol war mir nicht und von den Frauen hatte auch keine Zeit.

Also beschloss ich, am Küchentisch sitzen zu bleiben und zu schreiben, vielleicht über Schnelllebigkeit, das wäre doch was!

Ich studiere im 26. Hochschulsemester.

Verdammt, ich bin stolz darauf.

Jonas Stolz

Mein erster Auftritt bei einem Poetry Slam:
Februar 2014 im Walfisch in Freiburg

Mein Motto beim Schreiben:
Interesse wecken, selbst aus dem tiefsten Schlaf

Mein Lieblingsort in Freiburg:
Der Schönberg

Mein Lieblingsbuch:
„Der Große Plan" von Wolfgang Schorlau

Ich bin großer Fan von:
Sonne, Solidarität und Soja-Joghurt

Ohne Kunst wäre die Welt …
… ein Sklave der Zweckmäßigkeit.

Blauer Planet
Von Jonas Stolz

Nicht immer war das Licht am Leuchten,
zwar war das Licht schon früher da,
doch gab es damals keinen Zeugen
bis plötzlich folgendes geschah:

Ein blaues Auge öffnet sich,
dabei vergehen Jahrmillionen.
In diesem ersten Augenblick
wird die Bedeutsamkeit geboren.

Die Sonne strahlt mit einem Mal
und Sterne funkeln durch die Nacht
und unergründlich leuchtet fahl
der Mond, der über allem wacht.

Ein Auge sieht und sehen heißt,
es wird auf wundersame Weise
erst Welt zu Bild, dann Bild zu Geist,
aus Geist wird Ziel, aus Weg wird Reise.

Der Geist begreift so gut er kann.
Erst fragt er „wie?", dann „wie genau?",
„was ist wodurch, woher, seit wann?",
die Fragen hören niemals auf.

Der Job des Geistes ist zu Wissen,
sein Spiel jedoch heißt Fantasie
und Leidenschaft sind die Geschichten,
sein Lebensglück heißt Harmonie.

Als Teil des Geistes steh ich hier –
der Job hat Pause, ich will spielen.
Dass Bild zu Geist wird, wissen wir,
ich will vom Geist ein Bild kreieren.

Die Bilder kommen aus der Welt
und so muss ich mich dort bedienen.
Ich habe Wasser ausgewählt,
um damit Geist zu illustrieren.

Man kann es nicht zu fassen kriegen,
mal ist es trüb, mal ist es klar.
Es blubbert, schäumt und es kann fliegen,
sein Farbenspiel ist wunderbar.

Ideen sprudeln aus den Tiefen,
man könnte sie in Bücher gießen
und manchmal lassen die Aktiven
sie in den Generator fließen.

Nicht nur ein Autor und Verfasser
bringt eine Strömung in die Welt ein,
aus jedem noch so stillen Wasser
fließt hier und da ein kleines Bächlein

und macht die Welt womöglich schlauer,
denn alles fließt und ist verbunden
und irgendwie wird jede Mauer
und jede Strecke überwunden.

Nun irgendwann, das ist ja klar,
versiegt die Quelle jedes Flusses,
doch bleibt das Wasser dann selbst da,
wenn längst mit dem Gewässer Schluss ist.

Es ist dann überall verteilt
und mit ihm der Geschmack der Quelle,
der ewig in der Welt verbleibt,
in jedem Tropfen, jeder Welle.

Hier endet mein Gedankenspiel,
mein Bild vom Geist ist also fertig,
geschmückt mit bunter Fantasie
hat es mir eins vergegenwärtigt:

Man hat zwar einen Geist für sich
und jeder Mensch hat seine Welt,
doch sind wir trotzdem wesentlich
Teil eines Geistes einer Welt.

Das haben viele nicht verstanden,
das ist die Tragik unsrer Welt.
Dadurch ist so viel Streit entstanden
in tausend Büchern dargestellt.

Der Job des Geistes ist zu wissen,
sein Spiel das ist die Fantasie,
doch Leidenschaft sind die Geschichten,
sein Lebensglück heißt Harmonie.

Als Teil des Geistes steh ich hier,
um 'ne Geschichte zu erzählen
und wieder will dafür ich mir
als Gegenstand das Wasser wählen.

Ein Fluss, der durch die Wüste fließt,
gesäumt von einem grünen Streifen,
auf dem es wächst, gedeiht und sprießt
und saftig süße Früchte reifen.

Und wenn man seiner Strömung folgt,
passiert man dabei erst das eine
und dann das andre Menschenvolk,
die weder Freunde sind noch Feinde.

Das Volk, das weiter oben wohnt,
beginnt die Wüste zu bewässern.
Es sieht, dass sich die Arbeit lohnt
und dass sich die Erträge bessern.

So blüht und wächst es weit und breit,
doch fehlt das Wasser weiter unten.
Des einen Freud, des andern Leid,
denn beide Völker sind verbunden.

Aus Nachbarschaft kann Feindschaft werden,
wenn einer dann den Kampf verliert,
liegt dessen Welt schon bald in Scherben,
worauf aus Feindschaft Knechtschaft wird.

Die Menschen an den Quellen teilen –
jedoch ausschließlich unter sich.
Das gilt im Großen wie im Kleinen,
der eine zählt, der andre nicht.

Und diese Ungerechtigkeit
lässt Bitterkeit im Menschheitsgeist.
Bedenke deine Sterblichkeit
und was am Ende von dir bleibt.

Bleibt einst von deinem Bühnenakt
ein Funken hoffnungsvollen Lichts?
Bleibt eher bitt´rer Nachgeschmack?
Bleibt nur ein fader Hauch von nichts?

Du hast es selber in der Hand,
jetzt hast du die Gelegenheit!
Stell dir mal vor, was werden kann,
vielleicht kommt irgendwann die Zeit

der Diktatur der Menschlichkeit.
Und stell dir vor: Die Welt ist heil,
die Waffen schweigen mangels Streit
und davon bist auch du ein Teil.

Cäcilia Bosch

Mein erster Auftritt bei einem Poetry Slam:
15.12.2016 im Café Atlantik in Freiburg

Mein Motto beim Schreiben:
Kein Gedanke ist zu abwegig zum Aufschreiben

Mein Lieblingsort in Freiburg:
Gerber- und Fischerau

Mein Lieblingsbuch:
„Ach, diese Lücke..." von Joachim Meyerhoff

Ich bin großer Fan von:
Schlafen und Misosuppen

Ohne Kunst wäre die Welt …
… in den Fängen der grauen Herren.

Lackschuh
Von Cäcilia Bosch

Es war einmal ein Lackschuh, ein roter Lackschuh. Eigentlich zwei Lackschuhe, denn Schuhe gibt es nur im Paar – weiß ja jeder. Was aber nicht jeder weiß: Aus Sicht der Schuhe sind sie eins, deswegen wird im Folgenden nur von „einem Lackschuh" die Rede sein.

Dieser Lackschuh stand, nachdem ihn seine vorherige Besitzerin nach nur einmaligem Tragen in das Second-hand-Geschäft ihres Vertrauens weitergegeben hatte, in einem vollen Schuhregal neben Stiefeln, Sandalen und Sneakers.

Zuerst hatte er große Angst, als er mitbekam, dass ihn seine Besitzerin wieder weggeben wollte. Doch als er erfuhr, dass er in einem Second-hand-Geschäft anstatt in der Tonne landen würde, dachte er nur: „Wow! Ein Second-hand-Geschäft!"

Tagein, tagaus kamen Leute in diesen Laden und manche von ihnen beschritten sogar den Weg zum Schuhregal. Den roten Lackschuh allerdings streiften sie maximal mit ihrem Blick, keiner verweilte länger als zwei Sekunden bei ihm.

„Menno", seufzte der Lackschuh, „ich will endlich raus aus diesem Laden!"

„Tja, ich war schon an ganz vielen Orten", protzte da der Sneaker neben ihm.

„Ach ja?", fragte der Lackschuh neugierig.

„Aber sicher! Ich war schon auf Wiesen, im Wald und in der Straßenbahn. Ich bin schon auf einem Pferd geritten – Mann, war das aufregend. Ich bin auf Berge gewandert und ich habe ganz viele Bälle geküsst."

„Wow! Sogar geküsst hat er", dachte der Lackschuh und betrachtete bewundernd den Schuh neben ihm auf dem Regal.

Drei Stunden später war der Sneaker verkauft und neben dem Lackschuh eine Lücke entstanden. Eine große Lücke. Man sollte meinen, Sneaker hinterlassen keine großen Lücken. Aber das stimmt nicht. Die Lücken, die Schuhe hinterlassen, sind immer so groß wie die Geschichte, die sie hinter sich haben. Wie wir eben gehört haben, war die Geschichte des Sneakers schon reichhaltig gewesen und dementsprechend mächtig war nun die Lücke, die er hinterließ.

„Wow!", dachte der Lackschuh, „so eine Lücke will ich auch mal hinterlassen."

Eine Weile später – er war nun so lange dort, dass er trotz Nichtgetragenwerdens kurz davor war, Falten zu bekommen – schenkte ihm endlich jemand Aufmerksamkeit.

Es war ein kleiner Junge, der gerade so groß war, dass er in das Regalfach schauen konnte, in dem der Lackschuh stand.

„Wow! Ein kleiner Junge", dachte der rote Lackschuh. Es wäre doch spannend, wenn er ihn mitnehmen würde, dann würde er bestimmt auch Bälle küssen, vielleicht feinen Spielplatzsand umarmen oder sich von der Sonne bleichen lassen, weil er auf der Terrasse vergessen wurde.

Die Augen des Jungen waren groß und neugierig, als er den Lackschuh ansah. Er versuchte, mit seinen Händen nach ihm zu greifen, aber er kam nicht an ihn ran. Er war noch zu klein.

„Mensch, was machst du denn da?", fragte eine ungeduldige Frauenstimme von der anderen Seite des Geschäfts.

„Ich will den roten Schuh da", antwortete der Junge selbstsicher.

„Ach Luca, der ist dir doch viel zu groß."

„Ja, aber irgendwann passt er mir."

„Na, dann kannst du ihn ja immer noch kaufen. Oder vielleicht lieber nicht. Männer tragen keine roten Lackschuhe."

„Aber ich bin ja noch gar kein Mann", prustete der kleine Junge entrüstet.

„Aber du müsstest einer sein, damit sie dir passen. Komm, wir gehen jetzt nach Hause."

Die Augen des Jungen blieben auf dem Lackschuh kleben, bis er die Treppe ins Erdgeschoss hochgegangen und dann weg war.

„Männer tragen keine roten Lackschuhe", hallte es im Lackschuh nach. Wieso eigentlich nicht? Was war denn verkehrt an ihm?

Mehrere Tage verbrachte der Lackschuh damit, über diese Frage nachzudenken, als plötzlich die Lücke neben ihm wieder gefüllt wurde: mit einem Paar hellbrauner Wanderstiefel.

„Wow! Ein Wanderstiefel", dachte der rote Lackschuh. „Der hat bestimmt schon viel erlebt."

„Pst! Hey, Wanderstiefel!", flüsterte er.

„Hm?", grummelte der Wanderstiefel.

„Wo bist'n du schon überall gewesen? Ich hab´ letztens von ´nem Sneaker gehört, dass er auf einem Pferd geritten ist und in der Straßenbahn und auf Bergen war und du warst ja bestimmt auch schon viel unterwegs, oder? Ich würde mich voll freuen, wenn du mir ein bisschen was erzählst. Ich bin nämlich noch nicht so viel rumgekommen, weißt du?"

Der Wanderstiefel sagte nichts. Er grummelte nur lauter unverständliches Zeug vor sich hin, direkt in seinen Schnürsenkelbart hinein, wie es sich für Wanderstiefel eben gehört. Irgendwann stellte sich heraus, dass er so viel grummelte, weil er auch noch fast nichts von der Welt, geschweige denn der Natur gesehen hatte. Was zuerst einen Moment der Ernüchterung und betretenen Schweigens mit sich brachte, wurde wenige Zeit später zu einem wilden Rausch aus Träumen, den die beiden sich zusammen sponnen.

Sie überlegten, wo sie überall einmal hinwollten. Den Lackschuh zog es in vornehme Foyers von großen Theatern, unter das Sitzpolster von samtigen Kinosesseln, aber auch auf wild blinkende Tanzflächen, nachlässig verworfene Kleiderhaufen auf dem Weg ins Bett – am liebsten in Kombination mit einem zweiten Paar Schuhe – und auf Beerdigungen, weil da was Rotes bestimmt mal gut kommen würde.

Als der Wanderstiefel die ganzen Ausführungen und Träume des roten Lackschuhs hörte, wurde er fast neidisch auf all das Leben, das in diesen Visionen steckte. Er dachte kurz bei sich, warum er immer nur in der Natur sein sollte, konnte das aber nicht beantworten.

So entsponn er als Abwechslung zu den immer gleichen Feldern, Bergen und Wiesen ganz eigene, neue Fantasien. Beispielsweise erdachte er sich aufregende Städtetrips mit Museumsbesuchen, spontanen Karussellfahrten auf einem Jahrmarkt oder halb legale Kletteraktionen an Gerüsten, Türmen sowie

Fassaden, um einen schönen Blick über die Dächer der Stadt hinaus erhaschen zu können und vielleicht auf einem atemberaubenden Foto zu sehen zu sein.

So verbrachten die beiden Schuhe einige Zeit mit gemeinsamen Träumen. Diese Zeit wurde länger und erstreckte sich irgendwann über einige Jahre, bis der Wanderstiefel irgendwann von einem nett aussehenden, älteren Mann mit grauem Haaransatz mitgenommen wurde.

Für den Lackschuh hinterließ der Wanderstiefel eine viel größere Lücke als der Sneaker, auch wenn der Wanderstiefel gar nicht so viel erlebt hatte. Aber bekanntermaßen hinterlassen Träume oft größere Lücken als die Realität.

In der folgenden Zeit musste der Lackschuh immer mal wieder seinen Platz im Second-hand-Geschäft wechseln. Langsam wurde der Ladenbesitzer wohl skeptisch mit ihm und schien zu überlegen, ob es einfach an einer ungünstigen Platzierung lag, dass niemand mit ihm nach Hause gehen und ihn tragen wollte.

Irgendwann allerdings schenkte ihm wieder jemand Aufmerksamkeit. Und das, obwohl der Lackschuh trotz Nichtgetragenwerdens aufgrund von Missmut und vielleicht dem ständigen Umräumen ein paar Falten bekommen hat.

Es war ein junger Mann, vielleicht um die 18 Jahre alt. Er ging zielstrebig auf das Regal mit dem Lackschuh zu und als er ihn sah, huschte kurz ein Grinsen über sein Gesicht.

„Wow! Er grinst mich an", dachte der Lackschuh ganz aus dem Häuschen. Am liebsten wäre er vor Freude gehüpft, aber da das ohne Füße schlecht geht, grinste er einfach zurück, ohne zu hinterfragen, ob man davon nun Notiz nahm oder nicht.

Auf jeden Fall nahm der junge Mann den roten Lackschuh mit einer solchen Sorgfalt und Bedächtigkeit aus dem Regal, dass er nirgendwo mehr anders sein wollte. Die Lücke, die er hinterließ, war riesig, noch größer als die vom Sneaker oder die vom Wanderstiefel. Denn wenn jemand Realität UND Träume, also quasi alles, über eine so lange Zeit teilt, dann ist da erstmal ein riesiges Nichts, wenn er weg ist.

Der Schuh wurde in eine schöne Kiste gepackt und der Ladenbesitzer schien fast ein wenig erleichtert darüber zu sein, dass er endlich einen Besitzer für diesen Schuh gefunden hatte – und was für einen. Einen, der auf ihn gewartet hatte.
Jemanden, der beim Verlassen des Ladens bei sich dachte:
„Und ob Männer rote Lackschuhe tragen."

Simon Sahner

Mein erster Auftritt bei einem Poetry Slam:
U20 Poetry Slam im Kulturfenster Heidelberg, 2007

Mein Motto beim Schreiben:
Schreiben ist Arbeit

Mein Lieblingsort in Freiburg:
Das kleine Tal auf dem Schlossberg

Mein Lieblingsbuch:
„The Argonauts" von Maggie Nelson

Ich bin großer Fan von:
Miley Cyrus

Ohne Kunst wäre die Welt …
… immer noch da.

Der alte Traum
Von Simon Sahner

Der alte Traum – westwärts, wo am Abend die Sonne untergeht und am Horizont einen blutroten Schimmer hinterlässt, dem ich nachreite wie ein Drogenabhängiger dem nächsten Schuss.

Durch die nassen Straßen und immer aufpassen, dass man nicht auf eine der Ratten tritt, die sich an der glänzenden Brühe laben, die der Tag in den Rinnsteinen hinterlassen hat.

Dem alten Mann, der mich immer noch mit seinen Glasaugen anstarrt, werfe ich eine Münze hin, die er mit einer schnellen Bewegung auffängt. Er sieht mich an und zwinkert mir zu.

Die junge Frau mit den roten Schuhen, die den ganzen Tag mit ihrer Gitarre an der Ecke stand und stumme Lieder gespielt hat, während ich in meinem Kopf dazu sang, wirft mir eine Kusshand hinterher und ruft: „Mach´s gut, mein Lieber."

An der Hauswand läuft ein alter Film ohne Ton und die Stadt synchronisiert ihn, ohne es zu wissen.

Wenn der Sand unter meinen Füßen zu knirschen beginnt und die nasse Straße zu trockenem

Staub wird, bin ich auf meinem Weg irgendwohin, wo Romeo einst auf seine Julia wartete, lange bevor das zum Klischee wurde.

Das Foto von dir in meiner Hosentasche ist leider nicht schwarz-weiß, aber immerhin verknittert und ich muss es auseinanderfalten.

Mein Pferd ist ein alter Ford Fiesta, der mindestens genauso laut schnauft. Sein kalter Lack wird mich nicht streicheln, aber immerhin schnurrt er wie die Katze, die im weichen Sonnenlicht immer auf unserer Fensterbank saß, wenn ich dir meine schlechtesten Gedichte vorgelesen habe. Und immer, wenn sie besonders schlecht waren, hob sie die rechte Pfote und zerkratzte mir die Wange, bis ich irgendwann aufgehört habe, die Narben zu zählen.

Und nun reite ich immer weiter den Fluss entlang, vorbei an den Ruinen einer Fabrik, in denen nachts nur noch die tanzen, die nicht mehr aufhören können. Vorbei an den Schiffen mit schwarzen Segeln, die eigentlich weiß sind.

Ich reite weiter westwärts, wo am Abend die Sonne untergeht und am Horizont einen blutroten Schimmer hinterlässt, dem ich nachreite, wie die Motten das Licht jagen.

Ich habe diese Filme nie gemocht, in denen der Held am Ende in den Sonnenuntergang reitet und dann der Abspann kommt. Denn auch er wird weiter reiten und irgendwo ankommen und am nächsten Morgen jagt ihn die Sonne wieder. Aber dennoch weiter, nach Westen, dorthin wo der Schnee nur vom Himmel fällt und morgens Pfützen bildet, in denen ich mein verschlafenes Gesicht lesen kann.

Meine Nächte verbringe ich mit denen, die es aufgegeben haben, die Wirklichkeit auszuschalten, wenn die Dunkelheit hereinbricht. Sie erzählen mir im Schein der Flachbildlagerfeuer von der Zeit, als sie sich ihr Leben noch aus Büchern zusammengesetzt haben und irgendwann das Lesezeichen verloren haben – hängengeblieben auf Seite 3048, gerade, als es spannend wurde.

Ich schreibe ihre Geschichten auf Wachstafeln, die ich jede Nacht zu lange am Feuer liegen lasse. Ihr Leben schmilzt, läuft davon und verschwindet im Wüstensand.

Morgens, bevor ich mich wieder in den Staub der Straße wühle, rolle ich mir aus ihrem Teer die Zigaretten für den Tag. Eine von ihnen zünde ich an, bevor ich meinem alten Pferd wieder die Sporen gebe und seine abgenutzten Reifen den Staub der

Straße mitreißen, der hinter uns Figuren in der Luft bildet, die bei ihrem Entstehen schon wieder verschwunden sind.

Jeder Tag trägt mich weiter, vorbei an Städten, die im Sonnenlicht glitzern, die ich aber nie betrete, weil ich Angst habe, dass ich mich zwischen ihren glänzenden Fassaden verliere. Dass ich ihren Schmutz in mir aufnehme, dass ich ihre Enge schätzen lerne, dass sie mich nicht mehr loslassen.

So reite ich an ihnen vorbei, höre nur ihr dumpfes Dröhnen des Karnevals, der diese Städte am Leben hält. Kilometer um Kilometer auf dieser Straße, die es vielleicht nicht gibt, die ich mir unter Umständen nur einbilde.

Bevor ich weggegangen bin, hast du mich gefragt, wo ich hinwill. Mir kam diese Frage sinnlos vor und eigentlich habe ich sie auch nicht verstanden. Westwärts, wir fahren immer westwärts, es ist der alte Traum der Sonne nachzugehen, um zu sehen, wohin sie abends verschwindet.

Wir scheinen nicht zu verstehen, dass dieser glühende Ball ein makabres Spiel mit uns spielt, denn nur wenige Stunden nachdem wir ihn aus den Augen verloren haben, hat er sich einmal um uns herumgeschlichen und jagt uns in unserem Rücken nach, zieht an uns vorbei und wir reiten ihm wieder hinterher.

Doch ich reite weiter, westwärts, wo des Abends die Sonne untergeht und am Horizont einen blutroten Schimmer hinterlässt, dem ich nachreite, wie die Fliegen dem Gestank.

Ob ich ankomme, weiß ich nicht. Ich habe den Gedanken aufgegeben, ein Ziel zu erreichen, manchmal zumindest.

Manchmal reicht mir einfach der Moment, wenn ich mich morgens am Steuer umdrehe und gerade sehe, wie die Sonne hinter mir aufgeht.

Ich sehe, wie sie hinter mir herjagt und mir im Nacken sitzt, weil sie dorthin will, wo ich hinwill.

Aber ich bin ihr voraus und habe bis zum Mittag das Gefühl, dass ich ein Ziel habe.
Bis die Sonne mich wieder überholt.

Riccardo Raps

Mein erster Auftritt bei einem Poetry Slam:
2010 im großartigen Räng Teng Teng, Freiburg

Mein Motto beim Schreiben:
Wer beim Schreiben keine Zweifel hat, liegt falsch

Mein Lieblingsort in Freiburg:
Nachts auf dem Kybfelsen

Mein Lieblingsbuch:
„Die 13½ Leben des Käpt'n Blaubär" von Walter Moers

Ich bin großer Fan von:
Hunter S. Thompson, Motörhead, NASA/ESA

Ohne Kunst wäre die Welt ...
... ein schmuckloses Wartezimmer auf einem Amt.

Essen machen Leute
Von Riccardo Raps

In einem Land vor unserer Zeit, gar nicht lange her, lebte in einem entfernten Königreich, gleich in deiner Nähe, ein armes Arbeiterlein. Es hatte nichts als ein trauriges Lächeln und Kleider am Leib, die auch noch seinem Herrn gehörten. Seine Lippen formen den Wahlspruch des Herrn: „Willkommen bei McDonalds. Ihre Bestellung, bitte."

Dabei lächelt das Arbeiterlein traurig und in seinen grau-blau-trüben Augen steht eine salzige Träne, voller Frittierfett, Konservierungsstoffe und den Farbstoffen E102, E104 sowie E127.

So kamen sie von weit her, aus dem ganzen Land – der betrunkene Nachtschwärmer, der Handlungsreisende, das quengelnde Kind, der Tourist. Sie alle gaben ihre Bestellung ab, legten Silberstücke in die Schale und empfingen eine Tüte voller Brot beziehungsweise was der Herr des Arbeiterlein dafür halten mag. Dazu Fleisch, ganz viel und am besten jeden Tag. Nicht nur am Sonntag, wie es das arme Arbeiterlein aus seiner Kindheit kannte. Damals gab es sonntags noch richtiges Fleisch, bei dem man Sehnen, Knorpel und Knochen sehen, schmecken und wertschätzen konnte; bei dem man den Namen des Hirten, des Schlachters, des Metzgers und des Tieres noch kannte.

Da hat dann Mutter oder Vater voller Stolz am Mittagstisch das Essen aufgeführt und geschwärmt: „Heute gibt es Bambi mit Bratkartoffeln."

Oder Piggeldy und Frederick mit Fenchelsalat. Überhaupt haben die Leute früher mehr Salat gegessen: Tomatensalat, Feldsalat, Eisbergsalat, Kartoffelsalat – aber nicht um „schlank in 30 Tagen" zu sein. Die Leute waren damals alle schlank, auch die Dicken, die waren „vollschlank". Es gab auch Wurstsalat, aber dazu machte man selten Fleisch.

Beim Arbeiterlein und dem großen M gibt es keine Bratkartoffeln, nur Kartoffelfinger, die in heißes Öl getaucht und grob gesalzen werden.

An einem erschöpften Samstagabend bat ein durchreisendes Pärchen um ein wenig Brot für den Heimweg und eine Fingerdicke Fleisch, denn sie waren sturzbetrunken und wollten den Kater des nächsten Morgens bekämpfen. Dabei sagte das eine zum anderen Pärchen: „Lass uns morgen Abend essen gehen", denn wenn man betrunken ist, sieht man alles doppelt. Das Arbeiterlein wusste, mit „Essen gehen" war nicht gemeint, nochmal hier her zu kommen.

„Essen gegangen" war man früher nur an besonderen Tagen – Taufe, Geburtstag, Hochzeitstag, Todestag. Aber das hieß dann „Leichenschmaus" und war leckerer als es der Name vermuten lässt.

Da besuchte die ganze Familie Lokale und Restaurants mit Namen wie „Zum goldenen Ochsen" oder „Zum goldenen Bären" oder „Zur goldenen Amsel" und dann hing entweder der goldene Kopf eines Ochsen, eines Ebers oder einfach ein Vogel in einem Lorbeerkranz über der Tür.

Heute hängt über Lokalen beispielsweise ein goldenes M oder ein B oder eine goldene Muschel; bei Letzterem nennt man es „Tankstellenfraß". Dreieckige Brötchen, an denen Pythagoras seine Freude gehabt hätte, eingepackt und eingeschweißt für die Ewigkeit, denn der Hunger muss groß sein, bevor ein Wanderer davon isst.

Und überall gibt es Obst. In der goldenen Muschel, im goldenen M oder beim armen Arbeiterlein. Denn Obst ist gesund und macht Spaß. Wie auch immer ein Apfel, eine Pflaume oder eine Banane Spaß machen kann.

Aber das ist die Werbung, die muss man nicht verstehen. Man muss nur raushören, was warum gekauft werden soll. Ganz selten steht ein Preis daran und wenn dann immer mit: „nur" oder „ab" vorne dran. Denn der richtige Preis verdirbt den Appetit und ein betrunkener Nachtschwärmer, ein Handlungsreisender oder ein quengelndes Kind ohne Appetit sind schlecht fürs Geschäft. Doch das ist das Schöne, heute muss man keinen Hunger mehr haben, Appetit genügt.

Wer Hunger hat, versteht die Werbung nicht. Da heißt es: „Wenn's mal wieder länger dauert", aber manchmal dauern Dinge eben länger. Auf dem Amt auf seinen Antrag warten, am Bahnhof auf den Zug oder im Kreißsaal auf den Nachwuchs. Am besten ist es deshalb immer und überall zu essen.

In seiner Kindheit, dies weiß das Arbeiterlein noch genau, saß man zusammen am Tisch, einem Esstisch. Nur am Wochenende vielleicht einmal am Sofatisch. Nach dem Essen gab man dem Hund den Knochen zum Vergraben und vor dem Essen, vor allem sonntags, sagte man: „Danke für diese guten Gaben."

Allerdings hat man damit nicht Mutter oder Vater gedankt, die gekocht hatten, oder den polnischen Saisonarbeitern auf den Feldern beim Spargelstechen – das geht unheimlich ins Kreuz.

Heute dankt dem Arbeiterlein auch niemand. Lediglich am Monatsende steht eine neue Zahl auf dem Konto und das ist aber auch Dank genug. Es geht schließlich nur um Essen.

Essen machen Leute, von denen gesagt wird, die hätten nichts Richtiges gelernt, oder: „Wer nichts wird, wird Wirt." Essen machen Leute, von denen gesagt wird, dass aus denen eh nichts wird, oder: „Die sind zu nichts zu gebrauchen." Essen machen Leute, die nur kochen oder backen, um anderen

Leuten zu zeigen, wie man kocht oder backt, weil das niemand mehr kann. Und wenn es heute noch jemand kann, sind es Bildungsbürger mit Großmutters Rezeptbuch oder irgendwelche Hippies und Veganer, die lieber freiwillig verhungern, statt satt und krank weiter zu leben. Dabei soll Obst und Gemüse so gesund sein und machen.

Doch es geht nicht um gesund oder satt beim Essen, es geht auch nicht mehr um lecker, abwechslungsreich oder ausgewogen. Es geht nur noch um Bio – also Normalität – und um „Fairtrade" – ein neudeutsches Wort für „Danke für diese Guten Gaben" – und um Nachhaltigkeit. Das heißt: Da wo vorher ein Salatkopf wuchs, da sollen zwei wachsen, da wo vorher Weizen wuchs, soll auch wieder Weizen wachsen, denn der Großvater des Arbeiterlein wusste schon: „Bier hilft der Landwirtschaft."

Das arme Arbeiterlein hatte seinen Dienst, seine Schuldigkeit, getan und konnte gehen. Es verschloss die Geldkassette und warf sie in den Topf seines Herrn, um dann Daheim zu seinem Topf zurückzukehren, der so leer war, wie das Innere des Arbeiterleins selbst.

Denn Essen machen Leute, die es nach einem Anruf auch liefern – ein anderes, armes Arbeiterlein, welches das arme Arbeiterlein versorgt.

Der Kreislauf des Lebens – hakuna matata.

Christine Fritz

Mein erster Auftritt bei einem Poetry Slam:
Stadtbahnhof Schweinfurt im September 2010

Mein Motto beim Schreiben:
Poesie ist mehr als Worte, sie bewegt die Menschen

Mein Lieblingsort in Freiburg:
Die Wohnung, in der ich lebe und die mein Zuhause ist

Mein Lieblingsbuch:
„Der Sohn der Nonne" von Maxim Gorki

Ich bin großer Fan von:
Essen, das ich nicht selbst kochen brauche

Ohne Kunst wäre die Welt …
… eine triste Abfolge von Sachzwängen und Notwendigkeiten.

Schach
Von Christine Fritz

Wir alle sind Bauern,
in einem Spiel, das wir nicht verstehen.
Auf der einen Seite des Spielbrettes: Bedeutung,
als verschwindende Gestalt im Nebel.
Der Gegner: Vergnügen,
der wie Blitze den Alltag mit Ablenkung zerritzt.
Zwei Konkurrenten, die sich bekämpfen.

Wir alle sind Bauern in ihrem Spiel.
Egal, ob Bedeutung oder Vergnügen – beide haben
uns von unseren Aufgaben weggerufen,
um für sie in den Krieg zu ziehen.
Die Bedeutung fordert das Vergnügen in einem
neuen Schachspiel heraus.
So nimmt das Vergnügen der Bedeutung gegenüber
Platz.
Irgendwann werden wir fallen und sterben,
oder, wie sie es nennen, „geschmissen werden".

Hörst du der Fanfaren Kommandos?
Wie sie einen jeden an seinen Platz rufen.
Die Könige schwören ihre Heere ein:
„Wenn es einen Tag zum Siegen gibt, dann heute!"
Die Damen steuern die Luftangriffe.
Die Läufer befehligen die Panzer.
Die Springer unterstützen alle.

Die Kommandotürme halten sich im Hintergrund.
Die Bauern lenken den Gegner ab. Und Angriff.

Ich bin ein Bauer,
halte soeben eine Blume in Händen,
ein Vergiss-mein-nicht
und frage mich, an was es mich erinnern will.
So tönen der Fanfaren Kommandos,
als sich blutgierige Fronten gegenseitig ausbluten.
So tönen der Fanfaren Kommandos,
als Heere ihr gegenüber aßen,
um selbst nicht zu verhungern.
So tönen der Fanfaren Kommandos,
als Heeresfronten gegeneinander kämpften
und gemeinsam untergingen.

Ich, Bauer, kann nur ein Feld geradeaus ziehen.
Jetzt nicht, weil mir eine ebenso armselige Gestalt
wie ich selbst im Weg sitzt.
Wir sind beide Marionetten unserer Herren,
geboren, um als Bauernopfer den Heldentod zu
sterben.

Im Todesreigen fallen Erste gurgelnd nieder,
durchbohrt von des Gegners wilder Wut.
Sie greifen nach ihrer Wunde.
Die Hand getränkt mit Eigenblut
setzen sie an zum letzten Gebet,
doch ihre Worte werden vom Winde verweht.

Die Menschheit steht am Nordpol,
sie hält einen Kompass in Händen,
die Nadel dreht, ohne sich einzuorden.
Die Menschheit findet keinen Weg,
weil der Kompass keine Richtung zeigt.
Die Kompassnadel orientiert sich zum Nordpol,
die Menschheit steht auf dem Nordpol.
Würde die Menschheit über Bedeutung und Sinn
und Vergnügen nachdenken,
könnte der Mensch Glück finden.

Dann würde die aufgehende Sonne einem Bauern
die Wange streicheln,
Gliedmaßen ohne Körper würden umher liegen wie
Kräuter auf einer Suppe.
Die Blicke der Leichen würden ihren fliehenden
Seelen folgen,
Körper ohne Köpfe würden beerdigt werden.

Der Bauer jedoch fährt sich müde durch das ent-
kräftete Haar.
In seinen Fingern bleibt etwas hängen,
das Blütenblatt einer Blume,
einer Vergiss-mein-nicht.
Die gaben ihm Frau und Kind zum Abschied.
„Vergiss uns nicht."
Der Bauer dreht sich zum Sonnenaufgang:
„Ich kehre jetzt heim, Äcker bestellen,
denn ich bin Bauer."

Ulla Skrue Klomp

Mein erster Auftritt bei einem Poetry Slam:
Denzlingen im März 2015

Mein Anliegen beim Schreiben:
Welt & Menschen „hinter Worten" finden/kennenlernen

Mein Lieblingsort in Freiburg:
Das Räng Teng Teng in Freiburg

Mein Lieblingsbuch:
Immer ein anderes, neues, besseres

Ich bin ein großer Fan von:
David Hockney, Amanda Gorman & Einfach so

Ohne Kunst wäre die Welt ...
... ein lebensfeindlicher Raum.

The Fight
Von Ulla Skrue Klomp

Ich kämpfe hier heute einen Kampf.
I fight, I struggle, ich mache Dampf!
Die Kontrahenten sind „Age" und „Youth".
This is Reality-Rap, the truth!
Age always loses, naturally.
It's a battle where Youth earns the victory!

Eine alte Frau sitzt in der Straßenbahn und schaut die jungen Mitfahrer herausfordernd an. Sie starrt auf die Smartphones in den Händen, die Piercings, Tattoos: „Wo wird das noch enden? Das sieht doch richtig grässlich aus. I'm not amused, ich fahre jetzt nach Haus´."

Statt Earphone trägt sie ein KIND im Ohr, Tattoos kommen auf ihrem Körper nicht vor. „Diese Jugend ist dem Web verschworen, sie hat die Gesprächsbereitschaft verloren. Worte werden digitalisiert, Akronyme und Emojis hineingerührt, echte Unterhaltungen nicht mehr geführt!"

Age ist gekränkt durch Youth's Verhalten, denkt: „Überall sieht man vorbei an uns Alten. Man will nicht mehr hören, was wir ihnen sagen. Es geht unserer Kommunikation an den Kragen!" Plötzlich packt Age sich einen jungen Mann hinten im Waggon und schreit ihn an: „Ich war auch mal jung und attraktiv, jetzt habe ich noch nicht mal das Leben im Griff!

Das junge Mädchen in mir will nicht sterben!

Mein Herz zersplittert in tausend Scherben. Scherben, überall Scherben. Mein Alter ist schuld, will mir alles verderben!" Der Sitznachbar meint: „Was geht uns das an? Du Alte spinnst ja, Mannomann!"

Youth schreibt gerade in sein Smartphone einen Brief, Posts oder Mails, sein Headset sitzt schief. Er scheint ganz happy unter dem Käppi! Der andere fragt noch: „Wer will hier nicht sterben? Ey Alte, willst du uns die Laune verderben?"

Youth guckt immer noch traumverloren, hört nichts, hat Stöpsel in den Ohren. Er lächelt, weiß nicht, was die Alte will. Da geht sie wieder und wird still. Jemand ruft Age noch laut hinterher: „Bist wohl pervers, Alte, hau´ ab und scher´ dich bloß fort von diesem Ort! Willst du uns anmachen, oder was? We don't love Age, das ist kein Spaß!"

„Youth hates Age and Age loves Youth.
This means: we are born for unhappiness."

Die Straßenbahn kommt im Terminal an, Age steigt aus und verlässt die Bahn. Sie stolpert an den Schienen, vertritt sich den Fuß, demnächst wird vielleicht der Rollator ein Muss. Sie denkt: „Youth hört nie zu, es ist ein Graus, ich halte dieses Leben nicht mehr lang aus!" Zu Hause endlich angekommen, hat keiner sie in den Arm genommen!

Keiner. Wieder nicht. Dann sitzt Age auf dem Sofa, es schlägt zwölf Uhr, die Zeiger der Standuhr laufen rückwärts nur, back to the young girl, she once had been. This girl still lives inside her, wants to be seen! Ages ganzes Leben ist plötzlich nur eine Ansammlung von Stills auf einer Schnur. Movie Stills. Standbildaufnahmen.

Ach, könnte das junge Mädchen nur sprechen! Age steht auf, muss sich erbrechen. Yes, Age fights for being loved, but she fights on her own. The young girl inside of her cries all alone. Sometimes she dreams of eternal youth! Altwerden ist ein verdammter Fluch.

Yes, Youth hates Age and Age loves Youth, that´s why we´re unhappy, that is the truth. „Age is a pervert, youth a fascist!", ob das wohl tatsächlich Reality ist? Why are we all nerds? Listen to my words!

Youth sagt: „Sorry, so ist das nun mal, Ihr Alten seid uns scheißegal. Wir sind stark und bestimmen überall. Sind hipp und hopp, und was bist du? Du trägst ja noch nicht einmal ein Tattoo, kaufst lieber Botox, Gesundheitsschuh. You also need a brand-new face! Your old one is really base! Base! Doch wollen wir es nicht ganz mit euch verderben, vielleicht habt ihr noch was zu vererben!"

Die Zeit hat alles Leben im Griff, von ihr kriegt das Alter den typischen Schliff. Die Falten am Körper, Age schämt sich enorm, denn ihr Body geht total aus der Form. Damit entspricht sie nicht mehr der Norm. Die Muskeln streiken, die Sehnen reißen, das Leben genießt es, Age zu verschleißen.

Life has no regret, it gives no reset, away from keyboard, das ist nicht nett. Erotic, Sex, das war einmal, alles wird schal, ist auch egal. Bei den Alten kommt jedes Jahr ein Jahr mehr auf den Tisch. Jung sein dagegen ist so schön und frisch. Sixpacks und die Fäuste geballt, fühlt Youth sich stark, wird niemals alt. Er liebt sich und sein Personal Gender, alte Leute sind nur noch Pretender.

„His Youth is his victory, and he wins every day", while growing old is a long winding way.

„Hey Alter, du siehst so beschissen alt aus, bist du K.O? Geh´ doch nach Haus. Wir brauchen deine Arbeit nicht mehr, sie läuft unserem Produktionsprozess quer. Junge Energie muss her, Multitasking schaffst du nicht mehr! Alte haben hier nichts zu suchen. In die Küche, Oma, back deinen Kuchen, kugelrund. Das ist lecker und gesund." Der Sex des Alters ist das Essen, den hat Age inzwischen ja auch vergessen! Opa guckt sowieso nur noch Glotze, natürlich Porno, träumt von einer Vagina. Ach, hätte

Opa doch was Junges im Arm, doch seine Glieder sind so lahm!

„He stares with dismay at Youth, pulling his saggy pants out of his arsecrack. He watches the arrogant arc of that young skull, the swing of those young limbs and feel his gutts drop."

Und die Oma möchte so gern wieder Prinzessin sein, für die Liebe eines Prinzen im Mondenschein. Des Nachts kämmt sie ihr silbernes Haar, doch Sex und Liebe waren einmal. Augen trüb und Hände kalt, fühlt sie sich jung und ist doch alt. Am Ende des Tages angekommen, hat wieder niemand sie in den Arm genommen! Niemand.

Dann meldet Age's Leben seinen Bankrott. Age fährt den Rollator total zu Schrott, mit dem Motorrad im Hühnerstall – dieses Mal bringt es auch Age zu Fall! Yes, Altwerden ist echt ein Abersinn, nebenan ist der Friedhof, da kommt Age nun hin. Danach folgt der Schritt durchs Heaven's Door. Gosh, time is so short, Age wants to have more, more!

So: But Age always loses, naturally!
It's a battle where Youth earns the victory!
This Fight goes on and on and on
- immer kriegt Youth den Sieg und den Lohn.
Age is the loser and will always be,
das ist des Lebens Ironie.

Bench

Mein erster Auftritt bei einem Poetry Slam:
2008 im Komma in Esslingen

Mein Motto beim Schreiben:
Gab es nie

Mein Lieblingsort in Freiburg:
The Great Räng Teng Teng

Mein Lieblingsbuch:
„Per Anhalter durch die Galaxis" von Douglas Adams

Ich bin großer Fan von:
Fußball, Sport im Allgemeinen, Bewegung

Ohne Kunst wäre die Welt …
… langweilig!

Indianertanz
Von Bench

Jemand hat einen Vorhang vors Fenster gehängt.

Einfach so, ohne zu fragen.

Dieser Vorhang bewegt sich,

er legt sich als Teppich

auf die Straße.

Der Teppich ist nicht trocken, nicht warm,
nicht flauschig, nicht zart.
Er schmatzt und ist matschig.
Er gießt und ist fließend.
Es schießt vom Himmel
ein Riesenregen,
ein Sommerregen

Der Himmel
übergibt sich mal wieder.
Der Regen ohne Rücksicht
prasselt auf die Glieder.

Das Rasseln in der Luft
und der erdene Geruch

und der endgültige Bruch
der Wolken mit der Sonne.
Ein Sonnenwolkenbruch.

Nass und schwer die Luft,
ich kann nicht mehr, ich muss
raus in den Sturm,
verlasse den Turm.

Ich renne nackt durch den Regen,
es plitscht und platscht durch die Gegend.
Ich will die ganze Welt nicht sehen,
das Wasser soll den Blick vernebeln,
ich will mich in die Pfützen legen.
Ich will den Regen leben.

Vorher nass und durchgeschwitzt,
jetzt auch nass, Donner und Blitz.
Die Tropfen dringen durch Schlitze und Ritzen
und in mich.

Der Regen, er strömt rauschend.
Fluss und Regen tauschen
Küsse aus, wir lauschen
den sich zu Türmen aufbauschenden Wolken,
dem sich zu riesigen Stürmen aufbrausenden
Volke der Lüfte.

Wie es in Wellen wiegt und wogt,
wie es aus Quellen fließt und tobt
und schließlich auf Asphalt verdampft.
Ein wilder Indianertanz.

Das Gewitter ist ein Meisterwerk,
wenn Strom grell durch den Himmel fährt,
der Donner unser Herz erhellt
und jeden leeren Geist belehrt,
dass er die Gewalt erkennt,
die die Natur ihr Eigen nennt,
dass Schönheit
einen Namen kennt.

Alessa Heimburger

Mein erster Auftritt bei einem Poetry Slam:
Im Räng Teng Teng im Juni 2019

Mein Motto beim Schreiben:
Fließen lassen

Mein Lieblingsort in Freiburg:
Annaplatz

Mein Lieblingsbuch:
„Diese Dinge geschehen nicht einfach so" von Taiye Selasi

Ich bin großer Fan von:
Beyoncé

Ohne Kunst wäre die Welt …
… einsam.

Über Handys und Babys
Von Alessa Heimburger

Ich hatte neulich mit Bekannten ein Gespräch übers Kinder kriegen. Genauer gesagt über Mutter-Baby-Beziehungen. Dabei ist mir aufgefallen, dass häufig davon ausgegangen wird, dass Mütter immer die richtige Reaktion auf ihr Baby parat haben. So ein bisschen Biologie-Magie mäßig. Als ob Müttern während der Schwangerschaft alle wichtigen Infos zu ihrem Baby dosentelefonartig durch die Nabelschnur durchgesagt bekommen haben, sodass sie dann genau wissen:

„Aha! Mein Baby schreit, jetzt muss ich es exakt fünfmal wippen und mich dreimal im Kreis drehen und dann ist es still."

Außer vielleicht bei Bibi Blocksberg (und die ist dauer-dreizehn und wird wahrscheinlich nie Mutter werden) funktioniert das in den wenigsten Fällen. Am Anfang denkt man sich auch als Mutter, wenn man sein Baby anschaut: „Fuck, ich habe einfach keine Ahnung, was du willst, lass uns doch bitte erst mal richtig kennen lernen, bevor wir uns so anschreien."

Aber vorwurfsvolle Blicke im Restaurant bleiben trotzdem und man wartet nur darauf, dass einer der Gäste aufsteht und einem mit leicht genervtem

Lächeln die Visitenkarte der Super Nanny in die Hand drückt.

Mir persönlich ist Mutter sein zu viel gesellschaftlicher Druck. Deswegen habe ich jetzt auch beschlossen: Ich habe lieber ein Handy als ein Baby!

Bei einem Handy wird nämlich nicht von mir erwartet, dass ich immer sofort wissen muss, was mein Handy will. Sogar im Gegenteil, wenn man technische Geräte nicht versteht, hat jeder, im Patriarchat vor allen Dingen bei einer Frau, Verständnis dafür.

Außerdem kann man Handys einfach stumm schalten und im Vergleich zu Babys besitzen sie auf jeden Fall die praktischere Form. Beim Baby sind schließlich noch Arme und Beine dran, das ist zum Verstauen immer relativ unpraktisch.

Aber ansonsten gibt es viele Parallelen zwischen Handys und Babys. Zum Beispiel liegen Handys auch viel rum und man muss sie überall mit hintragen.

Morgens ist die erste Handlung, mit der man den Tag beginnt, ebenso wie beim Baby, nachzuschauen, ob das Handy noch lebt.

Zugegeben – die Wiederbelebung mit Strom ist beim Handy etwas leichter als beim Baby.

Wenn Handys ins Wasser fallen, tauchen sie auch nicht mehr von selbst auf. Und wenn das Handy weg ist, entsteht bei den meisten die gleiche Panik, wie wenn das Baby weg ist.

Mein Handy und ich befinden uns allerdings derzeit in einer Krise. Mein jahrelanger antiautoritärer Erziehungsstil hat dazu geführt, dass ich die Kontrolle über mein Handy verloren habe.

Neulich hat es einfach ungefragt eine Softwareaktualisierung gemacht. Fand ich gar nicht gut. Fast hätte ich ihm Hausarrest gegeben. Aber dann wäre ich ja nicht mehr erreichbar gewesen. Das hat mich dann auch unser Abhängigkeitsverhältnis hinterfragen lassen.

Vor zwei Wochen hat mein Handy mich dann auch noch gelobt, dass ich mein Tagesziel von 10.000 Schritten erreicht habe. Ich wusste bis zu dem Moment gar nicht, dass ich ein Tagesziel habe. Normalerweise nehme ich mir nie Ziele vor.

Ganz nach dem Papierballen-Mülleimer-Wurf-Prinzip: Wenn man sich vornimmt zu treffen, trifft man eh nicht.

Mein Handy scheint diese Ziellosigkeit in meinem Leben wohl genervt zu haben und es hat beschlossen, zu intervenieren.

Ich habe dann auch ein bisschen versucht, seine Grenzen auszutesten. Am Sonntag bin ich nur zwei Schritte gelaufen. Aber es hat weder ein Alarm geklingelt, noch ist mein Handy explodiert. Dafür hat es mir dann aber Fitnessvideos auf YouTube vorgeschlagen.

Es scheint so, als hätte eher ich die Kinderrolle in unserer Beziehung übernommen. Nicht, dass ich das als Frau nicht gewohnt wäre. Ich habe früher viel „Sex and the City" geschaut und Carrie wird auch mit Anfang 30 von Mr. Big noch „kid" genannt und alle Beziehungsprobleme werden eigentlich dadurch gelöst, dass er ihr etwas Tolles kauft.

Das ist dann äquivalent damit, jemandem den Schnuller in den Mund zu stecken. Wenn Frauen rumschreien, lege ihnen einfach eine Diamantenhalskette um den Hals und sie sind still.

Dabei gibt es Menschen, die deutlich mehr Ähnlichkeit mit Babys besitzen als Frauen. Zum Beispiel Besoffene.

Die Gangart von Babys und Besoffenen ist fast exakt gleich wankend und immer kurz vorm Fall, sodass man sich nicht sicher ist, ob und wann man intervenieren sollte. Dann das Kotzen ohne Vorwarnung. Gleiches Muster.

Und manche Menschen machen auch nüchtern Dinge, die eigentlich für Babys sind. Zum Beispiel Smoothies trinken. Es gibt eigentlich keine Legitimation dafür, Obst und Gemüse zu pürieren, um es zu sich zu nehmen. Außer man hat keine Zähne. Das ist aber meistens nur bei sehr alten oder sehr jungen Menschen der Fall.

Aber gut – Smoothies erfreuen sich auch in der breiten Bevölkerungsschicht großer Beliebtheit. Obwohl Smoothie trinken eigentlich nichts anderes ist, als wenn man ein Hipp Babyglas austrinken würde. Hätte Claus Hipp das mal gewusst und marketingtechnisch seine Produktzielgruppe ausgeweitet – das Wort Hipster würde noch eine ganz andere zusätzliche Dimension bekommen.

Aber gut, wenn Handys immer mehr wie Babys behandelt werden, wer weiß, vielleicht entwirft Claus Hipp dann eh bald Handyhüllen.

Philipp Noller

Mein erster Auftritt bei einem Poetry Slam:
Das war im Oktober 2017

Mein Motto beim Schreiben:
Einfach anfangen und drauf los

Mein Lieblingsort in Freiburg:
Der Sohlacker und der Kybfelsen

Mein Lieblingsbuch:
„Cloud Atlas" von David Mitchell

Ich bin großer Fan von:
Fotografie, Musik und der Natur

Ohne Kunst wäre die Welt ...
... ein dunkler Ort.

Es ist Morgen
Von Philipp Noller

Es ist Morgen. Woher ich das weiß? Ich bin wach, dann muss es ja so sein…

Langsam steigt die Sonne über die Wipfel der Bäume und erwärmt das Land, doch in meine Seele dringt sie nicht. Ich liege da und bin kraftlos, fast so, als ob die Sonne mich auslachen würde.

Ich schlage die Augen auf und betrachte das triste Grau der Welt, in dem sie um mich herum existiert. Mein Rücken schmerzt. Ich lächle. Wenigstens etwas. Schmerz ist besser als diese verdammte Taubheit. Der Schmerz gibt mir die Kraft, mich zu erheben, auch wenn jedes meiner Glieder wie Blei wirkt und droht, mich zu vergiften.

In meiner Reflexion sehe ich eine verzerrte dämonische Fratze, die mich anstarrt und dabei grinst. Sie macht mir Angst, doch ich zwinge mich, meinen Kopf zu heben und gehe.

Es ist schon wieder Morgen? Ich habe kaum ein Auge zu getan, mein Kopf ließ das nicht zu. Langsam steigt die Sonne über die Wipfel der Bäume. Mein ganzer Körper schmerzt. Ich hasse es.

„Ich will nicht mehr", denke ich mir.

„Es wäre so einfach", denke ich mir.

Es wäre zu einfach! Dieser Gedanke reißt mich heraus, denn aufgegeben – das habe ich noch nie, egal wie stark die Schmerzen auch waren.

In meiner Reflexion sehe ich eine verzerrte dämonische Fratze, die mich anstarrt und dabei grinst. Sie macht mir Angst, doch ich zwinge mich, meinen Kopf zu heben und gehe.

Es ist Morgen. Ein grauer Schleier liegt über meiner Welt. Das Grau scheint alles um mich herum zu durchdringen. Ein Sonnenstrahl fällt sanft auf mein Gesicht. Ich muss blinzeln. Ich sehe, wenn auch nur für den Bruchteil einer Sekunde, tausende von Farben. Ein lautes Knurren verjagt sie. Keiner hier im Haus scheint es gehört zu haben.

In meiner Reflexion sehe ich eine verzerrte dämonische Fratze, die mich anstarrt und dabei grinst. Sie macht mir Angst, doch ich zwinge mich, meinen Kopf zu heben und gehe.

Es ist Morgen. Ich habe wieder keine Kraft, meine Glieder zu heben. Ich spüre sie nicht. Wie schön jetzt Schmerzen wären. Ein Sonnenstrahl fällt auf mein Gesicht und wieder sehe ich sie, die vielen Farben. Sie scheinen zum Greifen nah zu sein, ehe der graue Schleier wieder über sie fällt. Ich starre ihnen hinterher.

In meiner Reflexion sehe ich eine verzerrte dämonische Fratze, die mich anstarrt und dabei grinst. Sie macht mir Angst, doch ich zwinge mich, meinen Kopf zu heben und gehe. Ich merke, dass ich lächle.

Wieder bricht ein neuer Tag an, die Welt schimmert in Grautönen. Immer wieder werden die Nebelschleier von der Sonne durchbrochen. Sie wärmt und stärkt mich. Immer wieder sehe ich die Farben, spüre ihre Nähe. Ich sehe bunte Schatten, doch sie verblassen.

In meiner Reflexion sehe ich eine verzerrte dämonische Fratze, die mich anstarrt und dabei grinst. Sie macht mir Angst, doch ich zwinge mich, meinen Kopf zu heben und gehe. Doch mein Lächeln wird breiter.

Es ist Abend, der Tag ist vorbei. Vollkommen erschöpft kehre ich nach Hause zurück. Die Fratze im Spiegel hat Angst, ich grinse sie an. Heute nicht!

Jeden Abend stehe ich vor dem Spiegel und sage ihr das, denn ich sehe im Grau das Vorhandensein von Licht hinter dem Schwarz. Ich habe Hoffnung, die mich durch den Tag und die Nacht trägt.

Meinen Dämonen trete ich jeden Tag mit einem breiteren Lächeln entgegen, weil sie jeden Tag aufs Neue versuchen mich zu brechen und ich immer wieder aufstehe, lächle und gehe.

Nele Buhmann

Mein erster Auftritt bei einem Poetry Slam:
Ravensburg Zehntscheuer am 3. Februar 2018

Mein Motto beim Schreiben:
Ich schreibe meistens aus einem Gefühl heraus

Mein Lieblingsort in Freiburg:
Cafés wie das Jos Fritz oder das Artjamming

Mein Lieblingsbuch:
aktuell „Sprache und Sein" von Kübra Gümüşay

Ich bin großer Fan von:
Pastinaken

Ohne Kunst wäre die Welt …
… künstlich.

An die Schlampen dieser Welt
Von Nele Buhmann

Sie ist 14 Jahre alt,
doch ihre Blüte verblüht,
seit Mann ihr die Jugend genommen,
seit er in ihre heile Welt eingedrungen,
hat sie nachts kein Auge mehr zu bekommen.
Und doch hat sie es keinem gesagt,
wartet noch immer darauf, dass jemand fragt.

Ihre Lippen schminkt sie extra rot
und den Rock trägt sie ganz kurz,
wartet, dass die Mutter was sagt,
sie schimpft oder beschützt,
doch sie hat ihn immer geschützt
und will es selbst jetzt nicht sehen,
sieht ihren Mann nachts aus dem Schlafzimmer gehen.
„Schlampe!", ruft man ihr nach.
So fühlt sie sich auch,
für den Mann nur Gebrauch.

Sie ist 35, verheiratet, hat zwei Kinder.
Sie hat ihren Ehemann betrogen,
der seit der Beförderung stets spät nach Hause kam
und dann von ihr noch warmes Essen wollte,
ihr jedoch für all die Mühe nie Anerkennung zollte,
stattdessen vor dem Schlafen stets noch wollte,
dass sie mit ihm noch kurz durch das Bett durchrollte.

So ging das Tage und Wochen,
sie funktionierte wie die Küchenuhr:
Stets fleißig am Bügeln, am Wischen, am Waschen,
am Kochen,
doch innerlich gebrochen,
ihre einstige Liebe am Alltag zerbrochen.
Und dann lernte sie ihn kennen, alleinerziehender
Vater, so verständnisvoll,
lauscht ihren Worten ohne sie zu werten.
Endlich wieder Ausgang aus der Haft,
gemeinsam entdecken sie Leidenschaft.

Worauf die Wirkung nicht lange wartet:
„Schlampe!", rufen sie ihr nach,
die Mütter aus dem Kindergarten,
die doch nur die Hälfte sahen.
Seither muss sie Gerüchte im ganzen Dorf ertragen.

Sie ist 24 Jahre alt, verbringt die ein oder andere Nacht
bei einem Menschen der glücklich mit ihr lacht
und so hat sie sich und ihren Gegenüber mehr als
glücklich gemacht.
Sie genießt den Moment, mal mit einem Freund,
mal mit einer Frau, die sie erst seit Stunden kennt,
aber was ist schon dabei?
Sie fühlt sich gut und fühlt sich frei,
als Frau geht es nicht, dass sie so frei verkehrt,
weshalb man ihr das Leben erschwert
und sie mit dem Namen „Schlampe" entehrt.

Sie ist 32 Jahre alt und gerne in ihrem Beruf tätig,
fühlt sich dadurch begehrt und anerkannt,
doch die Familie hat sich deshalb von ihr abgewandt.
Dabei sieht sie ihren Beruf nicht als schmutzig an
und freut sich, wenn sie als Sexarbeiterin anderen
Menschen helfen kann.

Sie ist 21 Jahre alt und für den Kunden nur Ware.
Ihr Wert tief untergraben
unter den unzähligen Narben.
Doch schlimmer sind ihre inneren Wunden,
seit Jahren im Beruf und doch hat sie noch keinen
Ausweg gefunden.
Er hatte ihr den Job als Zwischenlösung angeboten
und sie hatte ihre Chance damals darin erkannt.
„Schnelles Geld" und „nur tanzen" hatte er gesagt,
„...das Geld kriegst du noch", sagt er noch immer,
hat das Thema stets vertagt.

Für richtiges Geld müsse sie noch ein paar Schritte
weitergehen,
seitdem sieht man sie auf dem Straßenstrich stehen
und alles, was sie vom Zuhälter ausgezahlt kriegt,
schickt sie heim,
vor den Eltern hält sie ihre Arbeit geheim.
Zu sehr schämt sie sich für das,
was sie tut,
zu hoch ist die Selbstwut
und Demut.

Sie bereut jeden Tag auf dem Strich,
macht für jeden Tag im Kalender einen Strich
und träumt nachts von einem kleinen Stich,
boom, aus das Licht – mehr will sie nicht.

Sie war 16 Jahre alt,
die Gerüchteküche kochte laut,
sie sei für jeden zu haben und total versaut.
Ihr Lehrer nannte sie „die Hure von Berlin",
nachdem sie auf Klassenfahrt 15 Minuten nach
Bettruhe im Jungszimmer erwischt wurde,
wie sie dort war
und lachte.
Doch er sah wohl was anderes,
oder niemand weiß, was er sich dabei dachte,
als er diesen Aufstand machte,
ihre Mutter anrief
und ganz aufgeregt erzählte,
dass sie wohl mit der halben Klasse schlief.
„Schlampe!", rief man ihr nach.

Ich war 20 Jahre alt.
„Schlampe!", sagte er zu mir,
nachdem ich ihm sagte: „Nein danke, nicht mit dir,
ich tanze gern alleine hier
Nimm´ deine Hand von meinem Po
und jetzt schau doch nicht so.
Mein kurzes Kleid ist keine Einladung für dich,
ich brauche deine Rechtfertigung nicht."

„Schlampe!", rufen sie vielleicht auch dir nach.
Ach, wir Schlampen dieser Welt!
Eins ist Fakt: Niemand hat das Recht, dass er so ein
Urteil über uns fällt.
Schlampe. Das Wort hat nichts über uns zu sagen,
niemand kann je unseren Wert untergraben,
denn wir alle sind Menschen
und in der Würde unantastbar.

Doch leider ist dieser Grundsatz in der Realität oft fern,
denn wir Menschen beurteilen oft zu gern.
Wir stecken in Schubladen, ohne die Leute zu kennen
und denken dann, es wäre in Ordnung sie nach un-
serer Wahl zu benennen.
Klar, dass das alles im Auge des Betrachters liegt,
aber auch, dass jeder von außen gedachte Gedanke
am Ende auch im Selbstbild etwas wiegt.

Doch wir, wir sind viel mehr als unser Image,
mehr als eine Zahl oder Applaus,
wir sind eine Summe aus der Vielzahl,
eine Konfettitüte an Leben
und unser Nenner ergibt ein Spektrum,
das zu komplex ist, um es allein von außen zu verstehen.

Und wenn ihr jetzt zum nächsten Text blättert,
ist egal, was ihr von mir denkt.
Doch ich hoffe, euch bleibt bewusst,
dass ihr mich gar nicht kennt.

Eeva Aichner

Mein erster Auftritt bei einem Poetry Slam:
UFO Bruneck (Südtirol) im April 2015

Mein Motto beim Schreiben:
Ein Seelenstriptease auf der Bühne führt zur schönsten Blöße

Mein Lieblingsort in Freiburg:
Jeder Wald, in dem ich mich verlaufe

Mein Lieblingsbuch:
„Die Wand" von Marlen Haushofer

Ich bin großer Fan von:
Aki Kaurismäki

Ohne Kunst wäre die Welt …
… noch viel unverständlicher.

Mein Mond
Von Eeva Aichner

Mein Mond wohnt irgendwo im Himmel,
im laktosefreien Milchstraßengewimmel,
günstiger als in Wien
und Berlin.
Mietfrei,
weil der Miethai
in der Schwerelosigkeit erstickt.

Mein Mond gehört natürlich keinem,
aber arrogant, wie Dichterinnen Verse reimen,
mach´ ich ihn zu meinem
lyrischen Objekt,
das sich über diese Zeilen hinaus erstreckt.
Manchmal verdeckt,
manchmal durch mein Fenster verdreckt,
manchmal Sektsuspekt
und immer da.

Mein Mond thront da oben im Dunkel,
fern vom Großtantengemunkel,
über seinem Nachtreich, das ihn nicht reich macht
und wacht,
über eine schlafende Welt,
die er erhellt,
weil er wie ein Bauer sein Magnet-Feld bestellt,
seine Uhr nach dem Mondkalender schnellt.

Während er dabei niemals müde wird,
in Ewigkeit im Unendlichen schwirrt,
ohne das zu hinterfragen,
ohne Klagen,
ohne je ein Wort zu sagen.
Unerhört, was nie gedacht,
am Himmel ohne Seil angebracht,
zum Fallen bestimmt
nicht.

Mein Mond,
der glücklichste Obdachlose der Welt,
denn er hat sein Himmelszelt,
ist damit unterwegs, auf immer gleichen Wegen,
die über den Landkarten schweben,
während seine Fäden Horoskope in die Magazine
weben.

Nur liest mein Mond keine Vogue,
sonst wüsste er vom Jojo-Effekt,
der hinter seiner regelmäßigen Ab- und Zunahme
steckt.

Mein Mond heißt in Finnland kuu,
in Tansania hört man ihm auf Swahili zu,
beim Schweigen,
und während wir deutsch-möchtegern-französische
Gedichte schreiben,
träumt man in Nepal davon ihn zu besteigen.

Nur ist selbst der höchste Berg der Welt keine Stie-
ge, die zu ihm führt,
sodass er die Welt zwar nachtnächtlich,
aber die Welt ihn nie berührt.

Mein Mond, wie gerne wäre ich du,
hörte ewig dem Universum zu,
ohne Ohren, ohne Mund
und ohne Verstand,
wie eine Wand,
nur schön.
Zum Malen schön.
Und die, die dich malen,
die dich mit Pinselfarbe bestrahlen,
sind oft Mondrians,
magst du, wie sie dich verecken und verkanten?
Oder sind dir die romantischen Pedanten lieber?

Mein Mond, niemals plagt dich Durst
oder Hunger oder Müdigkeit.
So weit, weit oben,
wo niemals Stürme toben,
oder doch?

Wie gern wäre ich wie mein Mond, oder zumindest
so weit weg von hier,
als fremder Passagier
in einem Raumschiff, weit über dem Meer,
schwer, schwer, schwer, schwerer, schwerelos!

Unbekannt,
umbenannt,
in ein Wort, das nur den Schein trägt,
der sich zärtlich auch auf meine Haut legt,
nur keine Sprossen hinterlässt.

Mein Mond, überall warst du schon,
in eines jeden Kopf, als Gedanke,
überall und doch nirgendwo.
Niemals im Zoo,
niemals im Wald, am Meer,
du reist umher,
und rum, doch niemals weit -
dafür bist du zu gescheit.

Und weil die Putins und Trumps
von dir aus die ganze
und nicht nur ihre Welt sehen,
gibt es heute weder Gagarins noch Armstrongs,
die zu dir fliegen,
weil da oben Ölpreise nichts wiegen
und es sich mit dem Universum schlecht streiten
lässt.

Wie sieht's für dich aus,
wenn der Urwald brennt?
Testosteron einen neuen Weltrekord rennt?
Der Euphrat rot durch den Krieg fließt?
Meine Mutter Blumen gießt?

So, wie du da oben lebst,
dort oben klebst,
ohne Sorgen
bis in den oder das Morgen.
Ohne Hausaufgaben
und auch ohne Haus.
Wie ist es, niemals raus zu müssen?
Niemals zu erfahren, was Küssen
bedeutet? Oder doch?

Mein Mond küsst die Nacht wach,
das Dach,
das Meer,
alles leer,
wenn mein Mond scheint.

Solange er scheint.
Doch zu jedem Traum gehört Aufwachen dazu,
die Sonne kommt langsam herauf,
mein Mond, lauf!
Und komm morgen wieder,
als runder Flieger
da oben, oder wo auch immer,
dein Schimmer bleibt.

Bis morgen,
Mon'd ami.
Und
danke.

Dominik Heißler

Mein erster Auftritt bei einem Poetry Slam:
Im Great Räng, 2017

Mein Motto beim Schreiben:
Klang und Botschaft

Mein Lieblingsort in Freiburg:
Die Hügel drumrum

Mein Lieblingsbuch:
„Die 13½ Leben des Käpt'n Blaubär" von Walter Moers

Ich bin großer Fan von:
Sonne

Ohne Kunst wäre die Welt …
… wie ein Topf ohne Deckel. Oder ein Deckel ohne Topf?

Friede, Freude,
Johannisbrotkernmehlkuchen
Von Dominik Heißler

Ich bin Veganer. Das tue ich so offen kund, weil man das als Veganer eben so macht. In Freiburg ist das kein Problem, dort gibt es noch ein- bis zweihunderttausend andere wie mich. Bei Familienfesten ist das anders. Kaum erfährt die entferntere Verwandtschaft davon, geht es los.

„Ich esse ja ganz wenig Fleisch", sagt die eine von links und schiebt sich ihr Wurstbrot in den Mund.

„Das ist doch nicht normal", tönt der andere von rechts und vernichtet ein Stück Rinderbraten.

Dazwischen sitze ich, die lebende Provokation wider Willen und will doch nur mein Sojasprossen-Gurke-Tofu-Chiasamen-Walnuss-Brötchen mit Salatblatt genießen.

„Ah! Sieh an! ´s Veganerlein", grinst mich freudig frech der Koch alias mein Opa an, „ich kann dich ja echt gut leiden, aber deine Essbehinderung, die geht gar nicht."

Er schüttelt den Kopf. Ich schnappe nach Luft und will ihm meine wohlüberlegten Gründe um die Ohren hauen, doch ich lächle nur sprachlos und sage – nichts.

Er bemerkt meine Irritation nicht. Selbst wenn, wäre sie ihm herzlich egal. Koch 1 - Weltrettungsmensch 0. In Frankreich regeln sie das anders. Dort attackieren militante Veganer zwischendurch Metzgereien und fackelten schon – wahre Geschichte – einen ganzen Schlachthof ab. Sie sagen: „Damit leisten wir Widerstand gegen den Tier-Holocaust der Karnivoren." Ein Satz, den man so auch gut in Freiburgs Straßen hören könnte.

Wenn Freiburg jemals eigenes Militär hätte, wären Kampf-Veganer die Spezialeinheit. Sie flögen in CO_2-neutralen Flugzeugen hinter die feindlichen Linien, um dort mit einem Fallschirm aus Bio-Flachs, hergestellt im Schwarzwald, einen Guerillaangriff zu starten. Ausgerüstet mit fair gehandelten und regional produzierten Waffen – die Öko-Linie von Heckler & Koch. Die Munition verpackungsfrei im Jute-Beutel gekauft, die Patronen sind vollständig biologisch abbaubar und pflanzen beim Fallen auf feuchte Erde eine Tulpe. Ihr Gewissen: bioblütenrein. Ihr Wappen: V wie Veganismus. Und sie haben eine Mission.

So ahne ich nichts Böses, als auf dem Campus eine junge Studentin auf mich zukommt. Sie hat Dreadlocks, trägt einen poncho latinoamericano und riecht nach Erde. Auf einem recycelten Stück Karton hält sie mir ihre ganz persönliche AfdE entgegen, ihre Alternative für die Ernährung: „Iss´ ein Stück veganen Kuchen – und du rettest die Welt!", säuselt sie. Ich war gerade in der Mensa und habe keinen Hunger, aber ihre Augen glänzen. Sie bebt vor Überzeugung. Kann „Welt retten" so einfach sein? Vorsichtshalber muss ich nachfragen: „Ist der auch Bio, aus der Region und fairtrade?"

Sie nickt und ich kann mich nicht mehr halten. Ich reiße ihr das Kuchenstück vom Karton und stopfe es mir in den Mund. Ein Biss und es ist weg. Und ich sehe mich nach weiteren Stücken um, denn mir kam die Erleuchtung: Ich esse nicht für mich, ich esse für die Welt! Nein, die Welt ist nicht genug. Ich esse für Welten.

Die Rechnung ist einfach: Wenn ich mit einem Stück veganen Kuchen die Welt rette und ein Stück ein Achtel des gesamten Kuchens ist, dann rette ich durch den Verzehr des ganzen Kuchens – nach Adam Riese und weil Pluto aus der Liga der echten Planeten ausgeschlossen wurde – unser ganzes Sonnensystem. Oder die Erde acht Mal.

Ich friere mir also ein paar Stücke ein, für Erdüberlastungstage am ersten Januar, vier bis acht Grad Klimaerwärmung, fanatischen Wachstumsglauben, solche Sachen. Ein Biss und die Probleme der Welt sind gegessen. Wortwörtlich.

Jaqueline-Chantal macht das anders. Sie ist Veganerin und krächzt angeekelt Dinge wie „Fleisch ist wie Kinderpornografie" im Supermarkt. Der Gipfel ihrer Toleranz ist ihr vegetarischer Freund. Der Abgrund ihrer Toleranz ist die Tatsache, dass er sie nicht in ihrer veganen WG besuchen darf: Nur Veganer dürfen die WG betreten. Vor dem Küssen muss er sich wahrscheinlich den Mund mit veganer Seife ausspülen. Käsegeschmack wäre sicher ein Trennungsgrund und stellt euch vor, sein Würstchen wäre einmal nicht aus Tofu gewesen. Da gäbe es einen Krieg, bei dem selbst Weltrettungskuchen nicht mehr helfen würde.

Ich plädiere dafür, diese Gesinnungsimperialisten, die Extremisten unter den Veganern, in Veganisten umzubenennen. Harmlose Veganer sollten nicht in kollektive Geiselhaft genommen werden, weil ein paar offensichtlich fanatische Idioten Schlachthöfe in die Luft jagen. Ich plädiere dafür, dieses Wort in den Duden aufzunehmen. Die Leute würden dann Dinge sagen wie: „Ich bin ja kein Veganist, aaaber: Butter aufs Brot? Ernsthaft?"

Natürlich gibt es viele gute Gründe, vegan zu leben, um das Klima zu schützen, aus Gesundheitsgründen, wegen der Religion, vielleicht ist auch ein reines Gewissen dein angestrebter Lohn.
Das ist okay, das ist cool!

Aber denk´ dran, auch wenn dir das nicht gefällt:
Bloß vegan zu essen rettet nicht die Welt.
Kein Panda überlebt, weil du dich vegan ernährst
und dich ständig über Fleischesser beschwerst.
Bio, öko, nachhaltig und fair zu konsumieren,
ist zwar ein erster Schritt, dich zu engagieren,
aber entbindet nicht, auch andere Wege zu probieren.
Statt dich also zu Hause einzuigeln,
und anderes von vornherein als falsch abzuwiegeln:
Geh raus, fang an zu streiten, setz dich für das ein,
was dir wichtig ist, politisch, auf Lesebühnen, in
NGOs, geh demonstrieren,
denk alte Probleme neu, um echte Lösungen zu
kreieren.
Versuch, auf größere Zusammenhänge zu schauen
und dann Brücken zu bauen.
Denn pauschale, einfache Antworten führen allzu
oft zu Extremen. Und Extreme lähmen.

Du willst die Welt retten?
Dann sei mutig, bewusst zu leben,
ohne über anderen zu schweben.
Sei mutig, auf komplizierte Fragen
auch komplizierte Antworten zu wagen.
Sei mutig, mit anderen zu reden, dich mit ihnen zu
verbinden
und Mauern einzureißen, sie zu überwinden.
Denn die Welt zu retten
könnte eine Aufgabe für mehrere sein.

Thanu X

Mein erster Auftritt bei einem Poetry Slam:
Protest-Slam in Heidelberg, 2018

Mein Motto beim Schreiben:
Worte haben die Macht, die Welt zu verändern

Mein Lieblingsort in Freiburg:
Platz der Alten Synagoge

Mein Lieblingsbuch:
„Das Känguru-Manifest" von Marc-Uwe Kling

Ich bin großer Fan von:
Chimamanda Ngozi Adichie

Ohne Kunst wäre die Welt …
… ein Ort zum Existieren, aber nicht zum Leben.

Meine Hautfarbe und ich
werden keine Freunde
Von Thanu X

Angeboren, angewachsen, drangelassen,
jeden Tag, jede Stunde dran gemessen.
Meine Hautfarbe und ich,
wir werden keine Freunde.

Ich laufe durch die Gegend
und seh´ mich dabei nicht,
doch die Menschen, denen ich begegne,
sehen mich in einem anderen Licht.

Ich bin braun, mit dicken Augenbrauen,
dunkelbraunen Augen,
die mich selbst nicht gern anschauen.
Auch wenn es echt schwer ist zuzugeben,
ich wünsche mir oft, ich wäre weiß.

Ich weiß, manche finden mich heiß,
weil ich nicht weiß bin.
Manche finden mich hässlich,
weil ich nicht weiß bin.

Doch ich möchte nicht schön sein,
weil ich exotisch bin.
Ich möchte nicht schön sein,
obwohl ich anders bin.

Ich möchte schön sein, wie ich bin.
Ich möchte mich schön finden, wie ich bin.

Doch ich ertappe mich.

Wie ich vor dem Spiegel stehe,
und mich angeekelt ansehe,
weil ich dunkler geworden bin,
von ein paar Stunden Sonnenschein,
die ich genießen konnte,
bis ich merkte,
dass ich dadurch weniger schön geworden bin,
sagen meine Komplexe.

„Das ist Rassismus", sagt mein Kopf.

„Ich bin erschöpft", sagt mein Körper.

Ich bin erschöpft, mir zu sagen,
dass es okay ist, anders zu sein,
dass auch ich wie jede andere Person
schön sein kann,
und dass all diejenigen, die was anderes sagen,
nicht der Komplexe wert sind.

Meine Hautfarbe und ich,
wir werden keine Freunde.

Schnitt 1 – Ich bin 6 Jahre alt

Ich stehe unter der Dusche und schrubbe,
schrubbe so fest wie ich kann,
bis meine Haut brennt,
denn ich möchte weiß sein,
wie die anderen Kinder in der Schule.

Denn da rufen sie, ich hätte die Hautfarbe von Scheiße,
dass ich nun „Pferdegesicht" heiße,
und ich gehe leise,
mit gesenktem Kopf nach Hause
und dusche.

Erst kürzlich hatte ich eine Werbung gesehen,
dass auch dunkle Flecken
aus den Kleidern rausgehen,
wenn man nur genug Waschmittel nimmt,
und ich dachte damals,
dass das auch für meine Hautfarbe stimmt.

Also rieb ich meine Haut mit Waschmittel ein,
um mich rein und weiß zu waschen.
Doch meine Haut brannte, und ich erkannte,
dass meine Hautfarbe braun bleiben wird,
und dass das Hänseln
so schnell kein Ende nehmen wird.

Meine Hautfarbe und ich,
wir werden keine Freunde.

Schnitt 2 – Ich bin 10 Jahre alt

Ich habe klassisch indisch getanzt,
ganz gerne eigentlich,
denn die Musik und der Rhythmus
beruhigten mich,
eröffneten mir eine ganz neue Welt,
in der ich eins war mit mir selbst.

Doch vor jedem Auftritt wurde ich geschminkt,
so stark, dass ich mich selbst nicht mehr erkannte.

Denn je heller, desto schöner,
desto größer der Erfolg.
Also malten sie mich an, mit heller Hautfarbe,
nicht nur mein Gesicht,
sondern auch meine Arme.
Und ich lernte, dass auch in der indischen Kultur
hell sein als schön sein gilt
und ich mit meinem Hautton,
nicht zu den Schönen aus Sri Lanka gehörte.

Also stand ich nach jedem Auftritt vor dem Spiegel,
schminkte mich ab,
entsorgte das Abschminktüchlein voller Farbe,

und merkte, wie weit ich davon entfernt war,
als schön zu gelten.

Meine Hautfarbe und ich,
wir werden keine Freunde.

Schnitt 3 – Ich bin 14 Jahre alt

Menschen mit gleicher Hautfarbe
beschimpfen mich auf offener Straße,
denn sie erkennen an meiner Hautfarbe,
dass ich aus Sri Lanka stamme
und an meiner westlichen Lebensweise,
dass ich meine Wurzeln abgelegt habe.

Und das, das passt ihnen nicht,
denn jemand, die so aussieht wie ich,
kann nicht einfach leben, wie sie will.

Denn es sei wichtig,
die Traditionen der Heimat zu bewahren,
zu verhindern, dass die Töchter erfahren,
wie frei sie hier wirklich sind.

Eine Aussteigerin ist ein schlechtes Vorbild,
eine verlockende Versuchung für das eigene Kind.
Eine Gefahr für die Heimatkultur,
die durch die Migration zu zerbrechen droht.

Also sehen sie mich an,
und verachten mich.
Wie kann man so aussehen,
und so leben wie ich?

Und ich, ich wünsche mir,
meine Hautfarbe abzulegen,
keine Aufmerksamkeit mehr zu erregen,
und in der Masse unterzugehen.

Denn ich bin es satt,
als Tamilin erkannt zu werden,
und erst recht,
als Schande benannt zu werden.

Meine Hautfarbe und ich,
wir werden keine Freunde.

Letzter Schnitt – Heute

Menschen mit anderer Hautfarbe
beschimpfen mich auf offener Straße.

Ich hätte hier nichts zu suchen.
Ich sei hier nicht willkommen.
Ich soll doch zurück, wo ich herkomme.

Laut rufen sie rechte Parolen,
wollen sich Deutschland zurückholen.

Den Multikultiwahn vertreiben
und wieder deutsche Geschichte schreiben.

Denn Deutschland gehört den Deutschen,
Europa den Weißen,
die Schwarzen,
die wollen sie nicht willkommen heißen.
„Neger" wollen sie wieder sagen dürfen,
alte Wunden aufschürfen,
uns das Gefühl geben,
nur als Menschen zweiter Klasse
unter ihnen zu leben.

Und ich? Ich will stark sein.
Ich will mindestens genauso laut zurückschreien.
Doch ich bin erschöpft.

Denn was für die einen zu anders erscheint,
ist für die anderen zu familiär.
Für die einen seh´ ich anders aus,
für die anderen leb´ ich viel zu anders.

Ich wünsche mir so oft,
nicht mehr ich selbst zu sein,
denn ich bin erschöpft,
immer anders zu erscheinen.

Meine Hautfarbe und ich,
wir werden definitiv keine Freunde.

Ansgar Hufnagel

Mein erster Auftritt bei einem Poetry Slam:
19.12.2013, Café Atlantik, Freiburg

Mein Motto beim Schreiben:
Einfach machen

Mein Lieblingsort in Freiburg:
Kybfelsen

Mein Lieblingsbuch:
„Niemand im Damensalon" von Eduardo Mendoza

Ich bin großer Fan von:
Tausendsassa, Cappys und durchgestrichenen To-do-Listen

Ohne Kunst wäre die Welt …
… keine Party!

Ummhauer
Von Ansgar Hufnagel

Tobi ist der beste Mitbewohner der Welt.

Mittlerweile zumindest. Es hat ein bisschen gedauert, bis er sich an die Stadt und das Studentenleben gewöhnte. Tobi kommt nämlich aus einem Ort, wo die Telefonnummern noch dreistellig sind, wo der Bus nur einmal im Jahr hält und Kulturveranstaltungen, wenn es sie überhaupt gibt, in einem Bauwagen generationenübergreifend mit Klopferle und den Bösen Onkelz stattfinden.

Als Tobi zu uns in die WG kam, hielt er sich zu Beginn strikt an den Rat seiner Mutter: „Wenn du etwas nicht verstehst, denk´ daran: immer nicken und lächeln, dann bekommst du keine Probleme."
Ja, das kann er gut. Nicken und lächeln.

Was den Aspekt Hygiene betrifft, hatte Tobi aber einiges an Nachholbedarf. Früher gab es bei ihm nur einmal in der Woche warmes Wasser – am Badetag, wobei Tobi diesen Luxus nur äußerst selten selbst erlebte. Als Jüngster in der Familie kamen alle anderen vor ihm dran und das Wasser war dann schon ganz kalt, undurchsichtig und stank, wenn er in den Bottich stieg. Das hat sich bei uns zumindest schnell gebessert.

Auch wenn Tobi das Duschwasser anschließend zum Spülen benutzt, ist er langsam in der Großstadt angekommen. Allgemein ist er aber noch immer ein echter Sparfuchs, deshalb heizt er in der Regel auch nur mit Kerzen oder einem Föhn.

Zu Beginn seines ersten Semesters ernährte sich Tobi nur von Kartoffeln, Kohl, Sauerkraut und Eingemachtem von zu Hause. Davon hatte er allerdings ständig solche Blähungen, dass ich ihn irgendwann zum Krisengespräch bat und wir einen Ernährungsplan entwarfen. Dieser ist immer noch aktuell und besteht zu 90% aus Tiefkühlpizza.

Tierisches Eiweiß, Gemüse und dazu etwas Getreide. Das nenne ich ausgewogen!

Zudem habe ich Tobi noch nie Zähne putzen sehen. Er gurgelt meistens lieber einen ordentlichen Schluck Wodka Gorbatschow.

„Des Wodkas reine Seele, so rein wie meine Zähne", wie er immer sagt.

Aber irgendwie mochte ich Tobi von Anfang an. Er ist unkompliziert, durchgeknallt und hat kein Problem damit, den Geruch nach nassem Hund, meinem geliebten Eierbrot, Knoblauch und Schweiß wochenlang zu ignorieren, ohne zu lüften. Und wenn einer von uns krank ist oder die Nase mal läuft, dann schmeißen wir uns keine Pillen hinter die Rübe, sondern er kocht die gute, alte Zwiebelsuppe nach dem Familienrezept seiner Oma. Das Ergebnis würgen wir dann immer gemeinsam hinunter – aus Solidarität.

Tobi ist so ein Mensch, mit dem es nie langweilig wird. Manchmal sitzen wir in der Bahn und er kratzt einen Kaugummirest unter dem Sitz hervor, steckt es in seinen Mund und versucht die Geschmacksrichtung herauszufinden.

Oder er lässt sich stundenlang von Smoky, seinem Hund, das Gesicht abschlabbern und gibt ihm auch gerne einen Kuss auf die kalte Hundeschnauze. Mal mit, mal ohne Zunge.

Einmal kam Smoky mit einer halb toten Maus im Maul rein und legte sie schwanzwedelnd vor meine Füße. Die Gedärme hingen schon etwas raus, doch die arme Maus lebte noch und versuchte, sich irgendwie fortzubewegen, um dem Tod irgendwie von der Schippe zu springen.

„Tobi, ich halte Smoky fest und du kümmerst dich um die Maus," sagte ich. Tobi packte das kleine Nagetier und warf es kurzerhand, aber fest entschlossen, in den Küchenmixer und drehte auf.

Das nannte er dann Bloody Mary und gab es Smoky zum Nachtisch mit einem ordentlichen Schuss Rum.

Häufig sitzen wir tagelang auf der Couch, bewegen uns keinen Zentimeter, essen Tiefkühlpizza und schauen Jamie Oliver auf Dauerschleife.

Als wir einmal Das Schweigen der Lämmer schauten, saß Tobi danach zwei Tage in der Ecke und weinte. Diese geballte Reizüberflutung machte ihn völlig fertig und er konnte seine Gedanken nicht mehr sortieren.

Er ist ohne Fernseher aufgewachsen, ich hingegen wurde schon als kleiner Junge zu Klassikern wie The Return of the Living Dead oder Mars Attacks in den Schlaf geschaukelt.

Tobi studiert übrigens Forstwirtschaft – und das nur wegen seines Namens: Er heißt Ummhauer.

„Förster Ummhauer, das klingt so gut", war sein persönliches Statement dazu. Wäre sein Name Kitzler, würde er Gynäkologe werden, ist doch klar. Bei solchen Argumentationsfeuerwerken bleibt selbst mir die Zündschnur im Hals stecken.

Aber ich liebe Tobi einfach. Wenn er sich samstags um seine Matchboxautos kümmert und diese mit leicht verzückt-verklärtem Blick in einem Schraubstock zerquetscht, wirkt er wie ein Heiliger.

Sein Kommentar dazu: „Glück ist wunschlos zu sein. Ich bin nicht wunschlos, aber das hier ist wirklich das pure Glück, glaube mir."

Als ich ihn daraufhin fragte: „Sag mal, bist du eigentlich religiös oder so?", hielt er kurz inne und kratzte sich am Kopf.

„Nö. Ich bin zwar getauft und auch noch in der Kirche, aber nur weil ich sonst enterbt werde. Ich bin sozusagen Mitglied im Verein, aber gehe zu keinem Spiel", erwiderte er nach kurzem Nachdenken. Die beste Antwort überhaupt.

Wer es sich erlauben kann, das Uralgebirge ungestraft und unwissentlich jahrelang Urangebirge zu nennen und wer meint, Pluto, Venus, Mars und Snickers seien Planeten und Uterus sei von eben jenem am weitesten entfernt, der kann nicht so viel falsch gemacht haben.

Wer es zusätzlich aber noch auf die Kette bringt, die Irrungen und Wirrungen von Rassismus in einen Vierzeiler zu verpacken, den er vermutlich nicht einmal selbst geschrieben hat, ist wirklich eine intellektuelle Persönlichkeit.

Ich zitiere: „Rassismus ist, wenn schwarz-weiß gestreifte Zebras, weiß-schwarz gestreifte Zebras hassen."

Wer das alles schafft muss schon beinahe ein Genie sein – ganz ehrlich!

Lieber Tobi, für mich bist und bleibst du der beste Mitbewohner der Welt.

Marie Lemor

Mein erster Auftritt bei einem Poetry Slam:
2011 im Café Atlantik, Freiburg

Mein Motto beim Schreiben:
Inspirier' mich und dann lass mich in Ruhe

Mein Lieblingsort in Freiburg:
(Fast) überall draußen, wo es grün ist

Mein Lieblingsbuch:
„Die Stadt der Träumenden Bücher" von Walter Moers

Ich bin großer Fan von:
Zufriedenheit und Jurassic Park

Ohne Kunst wäre die Welt …
… monochrom.

Brief an den Frieden
Von Marie Lemor

Mein lieber Frieden,
viele Jahre sind geschieden,
ich weiß nicht mehr, wie wir verblieben
sind als unser Weg zerbrach.
Seit Wochen find´ ich keinen Schlaf,
weshalb ich die Entscheidung traf,
mich an dich zu wenden.
Ich schreib´ dir heute diesen Brief,
weil was auf meinem Herzen liegt,
das einfach keine Ruhe gibt.

Es geht um dich, mein lieber Frieden
und die Frage, wo du nur geblieben
bist – ich find´ dich nirgendwo.
Es gab die Zeit, in der ich dachte,
egal ob ich schlief oder wachte,
die Welt sei sicher, makellos.
Voller Freiheit, riesengroß
und jeder Himmel wolkenlos.
Weißt du noch, wie´s damals war,
als ich ein junges Mädchen war?
Das Leben war so sonderbar…
Ich und du, mein bester Freund,
jeden Traumtanztraum geträumt
von Nichts und Niemand eingezäunt
und doch so wohl behütet.

Apfelkuchen, Klingelstreich,
Zuckerwatte, Elfenreich,
Ball geworfen, nicht gefangen.
Loch im Fenster? Gutgegangen!
Noch eine Runde, dann ist Schluss.
Flaschendrehen, erster Kuss,
Pausenbrot und Punktekleid,
Capri Sonne, Seligkeit...

Natürlich klingt das heut´ naiv,
wie ich so durch mein Leben lief,
als ginge niemals etwas schief,
ja heute klingt´s wie Utopie.
Als müsste man sich nur entscheiden,
will man gehen oder bleiben
und wenn man gehen will – wohin?
Als hätte alles einen Sinn
und dieser Sinn sei Glück.

Heut´ ist an dich, mein lieber Frieden,
nur noch Erinnerung geblieben
und ich kann nicht mal mehr sagen,
wo du bist in diesen Tagen.
Die Zeit hat uns getrennt, mein Freund,
denn ich wurde älter, lieber Frieden,
und von der kindlichen Zufrieden-
heit ließ ich so Stück für Stück
ein Stück in Stundenschlägen
der Vergangenheit zurück.

Erwachsen werden wollt´ ich nie,
heut´ weiß ich auch, warum.
Ich will´s auch immer noch nicht sein,
ich kämpfe täglich, um
meinen Krieg nicht zu verlieren,
gegen Angst und gegen Wut
in einer beschissen, kranken Welt,
die mir manchmal jeden Mut
und jede Hoffnung nimmt.

Mein Freund,
weißt du, heute Nacht hab´ ich geträumt,
dass ich immer älter werde,
dass ich, wenn ich dann sterben werde
nur eine von den vielen werde,
die zeitlebens nur Scherben kehrte.
Heut´ sind meine Tage anders
als sie es früher waren,
heute kämpf´ ich Tag für Tag
gegen die sicht- und unsichtbaren
Gegner aller Art,
mit meinen eignen Waffen:
Augen zu machen, Texte erschaffen,
Träume verbannt, zum Streben verdammt,
Pillen und Rotwein, innen drin tot sein,
Bleibender Schaden, Waffe nachladen…

Es ist auch gar nicht wichtig,
welchen Krieg genau man führt.

Doch ob großer oder kleiner Krieg,
man bleibt nicht unberührt.
Mir ist, als hätte sich
ein schwerer Vorhang angehoben,
und ich staune nur fassungslos,
denn um mich herum toben
tausend Schlachten, tausend Feuer,
tausend Kriege aller Art.
Und ich erhoffe mir von dir, mein Freund,
deine Hilfe, deinen Rat.

Für manchen auf der Welt
besteht das Leben nur aus Schmerzen,
Einfamilienhäuser brennen lichterloh wie Kerzen.
Eine Flucht ohne Weg, eine Heimat ohne Land.
Eine eiskalte Waffe in einer noch kälteren Hand,
ein Kind ohne Mutter, eine Mutter ohne Kind,
eine Träne – längst getrocknet vom eisigen Wind.
Ein Zuhause ohne Lachen, ein Leben ohne Sinn,
ein Spiel um Macht – ohne Sieg und Gewinn.

Für mich heißt Heimat Apfelkuchen,
für andere Bürgerkrieg.
Zwischen meinem Krieg und anderen
besteht zwar ein Unterschied,
doch die Grenzen scheinen fließend,
denn betrachtet man es so,
kämpft doch jeder seine Kämpfe
irgendwie und irgendwo.

Jeder kämpft in eigener Sache
gegen irgendeinen Feind.
Wie leise hat sich jeder schon
in den Schlaf geweint?
Bei mir fließen manchmal Tränen,
aber immerhin kein Blut,
doch überall auf dieser Erde
ertrinken Menschen in der Flut
aus Hass, Gewalt und Feindlichkeit,
weit entfernt und doch so nah
und eine Sache wurde mir
im Lauf der Jahre klar:
Du bist unendlich fern, mein Freund,
und fast schon unbekannt.
„Friede", ist ein großes Wort,
„Utopie", sagt der Verstand.

Mein lieber, guter, alter Frieden,
viele Jahre sind geschieden
ich weiß nicht mehr wie wir verblieben
sind als unser Weg zerbrach.
Seit Wochen find´ ich keinen Schlaf,
weshalb ich die Entscheidung traf,
mich an dich zu wenden.

Vielleicht erreicht dich dieser Text,
wo immer du dich auch versteckst.
Vielleicht find´ ich dich auch nie,
doch es grüßt von Herzen, deine Marie.

Marvin Suckut

Mein erster Auftritt bei einem Poetry Slam:
Theaterhaus Stuttgart, November 2009

Mein Motto beim Schreiben:
Wehe der Text wird nicht gut

Mein Lieblingsort in Freiburg:
Café Atlantik

Mein Lieblingsbuch:
„Das Bildnis des Dorian Grey" von Oscar Wilde

Ich bin großer Fan von:
Ventilatoren

Ohne Kunst wäre die Welt …
… langweilig.

Die Ästhetik von Allem
Von Marvin Suckut

Es gibt viele verschiedene Dinge auf der Welt, die ich nicht verstehe. Beispielsweise Spanisch, Griechisch oder warum eine neu gekaufte Schere meistens so eingeschweißt ist, dass man eine zweite Schere benötigt, um die Verpackung zu öffnen.

Aber die meisten Probleme habe ich persönlich tatsächlich mit Mode. Klamotten müssen für mich nur einen Zweck erfüllen: Meinen Körper bedecken.

Nicht, weil mein Körper bedeckt werden muss! Ich würde mich, objektiv gesehen, nicht als wahnsinnig heiß bezeichnen, aber doch irgendwie lauwarm. Klamotten trage ich vor allem, weil es gesellschaftlich erwartet wird. Gut, vor Kälte sollten sie schützen, aber was sonst?

Oft wird man in der Kindheit modisch von seiner Umgebung beeinflusst, aber mir war das alles irgendwie egal. Aber keine Angst, ich wurde damals nicht in der Schule verprügelt, weil ich kein Gucci getragen habe. Nein, ich gehörte damals zu den Kindern, die andere Kinder verprügelten, die Gucci getragen haben.

Ich machte mir einfach nie viel aus Mode. Nicht, weil es mich an sich nicht interessierte.

Ich hatte und habe immer noch einfach kein Verständnis von Schönheit und Ästhetik. Ich verstehe sogar Menschen, die Socken in Sandalen anziehen. Das ist luftig, aber trotzdem nicht zu kalt. Genauso Leute, die Gürtel und Hosenträger zugleich tragen. Es gibt schließlich auch Menschen, die beim Sex doppelt verhüten. Sicher ist sicher.

Ich trage nun mal gerne schwarz, grau und alles, was dazwischen liegt. Meine Frau hat sich vor kurzem eine neongelbe Skijacke gekauft, damit man sie besser findet. Ich kann mir schon vorstellen, wie so ein Rettungshubschrauberpilot sagt: „Uwe, guck mal da unten! Schwarze Jacke im Schnee! Super Kerl, klasse mitgedacht. Der muss aber ganz schön Harndrang gehabt haben, liegt neben einer enorm großen, neonfarbenen Pisspfütze."

Natürlich kann man jetzt argumentieren: „Ja, aber nachts ist das schon besser."

Vielleicht, aber ich fahre nachts nicht Ski. Meine Schuhe müssen auch nicht zu meiner Mütze passen, sondern in erster Linie zu meinen Füßen.

Wenn meine Frau mich fragt, wie ich ihr neues Oberteil finde, sage ich meistens Dinge wie „Gut" oder „Sieht schön aus." Am liebsten würde ich ihr aber sagen, dass ich es kacke finde, da ich nicht verstehen kann, wie sie etwas so Schönes wie ihren Körper mit so viel Stoff bedecken kann und dann auch noch erwartet, dass ich das gut finde.

Für mich steht ganz klar der Nutzen vor der Ästhetik. Ich brauche Hosen mit Taschen, Jacken mit Kapuzen und Reißverschluss statt Knöpfen. Ja, ich würde sogar Klettverschluss tragen, wenn ich damit nicht beim Schuhe ausziehen die ganze Nachbarschaft wecken würde.

Das Problem ist, dass Mode für mich nur der Anfang ist. Die Spitze eines Eisbergs.
Wir haben jetzt einen Wasserkocher zu Hause, der blau leuchtet. Er braucht zwar knapp eine Stunde, um das Wasser aufzuwärmen, verwandelt dafür aber die Küche so lange in eine Disco.
Geil, oder? Nein!

Dasselbe gilt für Energiesparlampen. Voll fancy, modern und total energiesparend. Ja, aber ich habe kein Bock, dass mein Klo erst dann hell ist, wenn ich mit dem Kacken fertig bin.

Vor kurzem fragte mich meine Frau beim Einkaufen, wie ich ein Glas fände, welches sie mir entgegenstreckte. Ich hielt mich kurz und präzise und sagte: „Gut.“

Am Arsch war das eine angemessene Antwort auf ihre Frage.

„Was meinst du mit ‚gut‘? Das ist nicht die Frage.", sagte sie, „Ich will wissen, ob es hübsch ist und mit dem Rest harmoniert."

„Keine Ahnung Schatz, ich habe die Teller nicht gefragt, ob sie mit neuen Schrankmitbewohnern einverstanden sind, mein Fehler. Und ein Glas ist doch dann gut, wenn es einen Boden hat. Vielleicht noch, wenn man es stapeln kann. Aber sonst ist mir das Glas völlig egal. Ich baue keine persönliche Bindung zu diesem Glas auf. Ich muss es weder nett finden, weil ich nicht mit ihm quatschen möchte, noch schön, weil es für mich sexuell nicht in Frage kommt. Das Glas tut mir weder einen großen Gefallen, noch hat es mir etwas getan. Solange es seinen Zweck erfüllt und man daraus trinken kann, werden das Glas und ich keine Probleme bekommen. Dann ist es ein gutes Glas, nicht mehr und nicht weniger. Für mich muss ein Glas nicht einmal aus Glas sein, da geht auch Holz oder etwas anderes, ich bin flexibel."

Ein Messer muss schneiden können, ein Auto muss fahren können, mit einem Handy sollte ich mittlerweile ins Internet kommen und in eine Tasche müssen Dinge passen. Fertig.

Die einzigen beiden Dinge, die für mich einen ästhetischen Zweck an sich erfüllen, sind Kunst und Katzenbabys. Katzenbabys müssen einfach nur süß sein, mehr nicht.

Die Dame im Tierheim sagt schließlich auch nicht: „So, das hier ist der Udo, der kann richtig gut Sofas zerkratzen. Und das hier ist die Sabine. Wie die Gedärme toter Mäuse in Wohnungen verteilt, einfach zum Dahinschmelzen. Ich glaube, die passt zu Ihnen."

Nein!

Der Teppich muss zum Sofa passen, die Lampe zur Wandfarbe, der Schrank zum Geschirr, die Vase zum Bild, der Tisch zu meiner Stimmung und mein Thermomix zu meiner Attitüde. Ich raste aus.

Vielleicht passen Ästhetik und ich einfach nicht zusammen. Vielleicht muss aber auch nicht immer alles zusammenpassen. Und wenn meine Frau mir das nächste Mal irgendetwas zeigt und mich fragt, ob das hübsch ist, oder zusammenpasst, dann ignoriere ich das, was sie in der Hand hält, schaue ihr in die Augen und sage:

„Ja, sehr hübsch sogar. Ich glaube, das passt ganz gut zum Rest."

Philipp Multhaupt

Mein erster Auftritt bei einem Poetry Slam:
2008, Bunker Ulmenwall, Bielefeld (extra recherchiert!)

Mein Motto beim Schreiben:
„Wird es auch nicht dummes Zeug sein?" (Th. Fontane)

Mein Lieblingsort in Freiburg:
Meine Wohnung. Sonst schummrige Kneipen.

Mein Lieblingsbuch:
"Leaves of Grass" von Walt Whitman

Ich bin großer Fan von:
wild knutschenden Menschen

Ohne Kunst wäre die Welt …
… ein Ort, an dem man andere noch schlechter versteht.

Danke
Von Philipp Multhaupt

Sehr geehrte Damen und Herren, liebe Kinder, liebe Studierende und sonstiges kulturaffines Gesindel – gleich ist dieses Buch zu Ende, weil mit diesem letzten Text nun endgültig alles gesagt ist. Gerade erreicht mich die Bestätigung.

Es gibt nichts Neues mehr zu sagen, es gibt keine neuen Arten mehr, Altes zu sagen, es ist alles auf alles gereimt, alle Witze sind gemacht, alle Versmaße wurden gemessen, alle Wortneuschöpfungen geschliffischlaffen, alle Politiker verunglimpft, alle WG-Dramen auserzählt und alle persönlichen Befindlichkeiten sattsam bekannt. Ob du in Malte oder Jonas oder Laura oder Kathi oder Hinz oder Kunst verliebt bist, macht keinen Unterschied, das geht sowieso immer gleich aus.

Wir wissen, dass Bücherlesen cool ist, wir wissen, dass die AfD nicht cool ist, wir wissen, dass Trump nicht cool ist, wir wissen, dass wir zu wenig gegen den Klimawandel unternehmen, wir wissen, dass die Schulschwänzer recht haben – das alles wissen wir. Wir wissen, dass die Welt viel schöner war, als wir noch Kinder waren, wir sprechen Nostalgie fließend und Ironie fließend, wir haben unser Codeswitching zwischen Ironie und

Nostalgiekitsch perfektioniert. Wir wissen, dass Kafka ein Käfer war, wir wissen, dass Goethe den Erlkönig geschrieben hat, wir haben Goethe so oft parodiert, dass wir selbst Goethe sind, wir haben Kafka so oft gecovert, dass wir selbst Käfer sind.

Wir haben alles, was uns ernst war, sehr ernst genommen und den Rest verhöhnt. Uns war Gewinnen nicht so wichtig, weil man nicht gewinnt, wenn einem Gewinnen wichtig ist.

Wir haben als metaphernumflorte Lyriker ins Mikro geschmachtet und als abgebrühte Zyniker von der Bühne gebellt, aber meistens nur bis zur zweiten Texthälfte, weil wir Angst hatten, nicht ins Finale zu kommen, wenn wir durchgängig bellen und am Ende nichts Schönes sagen.

Es ist alles gesagt. Wir haben es schüchtern gesagt und selbstbewusst, leise und laut, brachial und gestelzt, jung und alt, allein und in Teams, für Geld und umsonst, in Büchern und auf Bühnen, durch den Wind und durch die Wand, mit dem Kopf und mit dem Herzen, pathetisch und trocken, albern und wütend, klug und dumm, gut und schlecht.

Wir haben es zu Malte gesagt und zu Jonas und zu Laura und zu Kathi und zum Kulturbürgermeister und zum Festivalpublikum und zum Theaterpublikum und zu reizenden alten Damen und zu brummigen alten Herren. Zu Schülerinnen und Schülern, zu Lehrerinnen und Lehrern, zu Eltern und Kindern, zu Erstis und Letztis, zu Druffis und Besuffskis und Pöbelstammtischen. Zum Sparkassenvorstand und zu Vereinsmitgliedern, zu Menschen, in die wir heimlich verliebt waren, zu Menschen, die wir heimlich gehasst haben, und zu Menschen, die wir gar nicht kannten – meistens zu Menschen, die wir nicht kannten, und –

Es ist alles gesagt. Sogar, dass alles schon gesagt ist, ist schon gesagt, das war schon gesagt, bevor es so was wie Poetry Slam überhaupt gab.

Und das macht nichts.
Das macht überhaupt nichts.

Wir sind alle zum ersten Mal auf der Welt, aber wir sind nicht die ersten Menschen auf der Welt. So wie es aussieht, gehören wir wahrscheinlich eher zu den letzten. Da ist es schwer, was zu machen, was vorher noch nie jemand gemacht hat. Da ist es schwer, was zu sagen, was noch niemand gesagt hat.

Aber nur, weil man nicht der allererste verliebte Trottel der Menschheitsgeschichte ist, muss man es sich nicht versagen, zum Beispiel ein Liebesgedicht zu schreiben, wenn einem danach ist. Nur weil vorher schon mal jemand blaue Augen mit gefrorenen

Seen verglichen hat – oder mit Saphiren, oder mit Blaubeerquark oder was weiß ich – muss man nicht krampfhaft originell sein und blaue Augen mit Walfischtränen vergleichen, oder mit Blaubeerquark, oder mit den Blutergüssen eines Profiboxers, der in einer dunklen Gasse über seine Mutter weint.

Man darf unoriginell über blaue Augen schreiben, das darf man; und es kommt vor, dass sich trotzdem jemand darüber freut. Man darf auch zu einem Menschen sagen: „Du hast schöne Augen", wenn man findet, dass der Mensch schöne Augen hat. Da ist man dann gesamtgeschichtlich gesehen auch nicht der Erste, der das zu jemandem sagt, da ist man gesamtgeschichtlich gesehen wohl eher ein Klischee. Aber wir leben nicht in der Gesamtgeschichte, wir leben in unserer eigenen Haut, die hat keine so große Spannweite. Da kann vieles, was sich schon unendlich oft wiederholt hat, trotzdem noch zum allerersten Mal passieren.

Eine Handbewegung. Ein Kuss. Ein „Bitte". Ein „Danke". Ein „Ich liebe dich". Auch ein „Hau ab, du Arschloch".

Und ob du jetzt in Malte oder Jonas oder Laura oder Kathi verliebt bist, das macht dann schon einen Unterschied.

Ich habe in meinem Leben mehr als einmal „Bitte" zur Bäckereiverkäuferin gesagt und

„Danke" zum Supermarktkassierer, weil ich es unhöflich gefunden hätte, nach dem ersten Mal für alle Zeit damit aufzuhören. Denn man sagt das ja immer wieder zu verschiedenen Bäckereiverkäuferinnen und Supermarktkassierern und die vom letzten Mal erinnern sich womöglich gar nicht mehr.

„Ich liebe dich" und „Hau ab, du Arschloch" sagt man auch immer wieder zu verschiedenen Leuten, nur vielleicht nicht ganz so regelmäßig.

Wir sagen immer wieder dasselbe, aber wir sagen es immer wieder zu anderen Menschen. Zu neuen Menschen. Und dadurch wird es nicht alt. Ich kann mich mit demselben Text auf fünf verschiedene Bühnen stellen und es ist jedes Mal ein anderer Text: Einmal ist er gut, einmal ist er schlecht, einmal lustig, einmal langweilig, einmal peinlich. Das hängt ganz vom Publikum ab. Ohne euch werden wir schnell alt. Wenn ihr uns zuhört oder wenn ihr uns lest, bleiben wir neu.

Und ja, natürlich wiederholen wir uns. Natürlich umtreiben uns ähnliche Sorgen. Natürlich gibt es auf den Bühnen unserer Zeit mehr als einen Text über Rechtspopulismus. Es gibt mehr als einen Text über den Klimawandel, mehr als einen Text über Angst und Unsicherheit und persönliche Befindlichkeiten, und manchmal gleichen sich diese Texte sehr. Und wenn man viel auf Poetry Slams unterwegs ist, weil man sonst nichts Gescheites gelernt hat, hört man diese Texte immer und immer wieder. Und viel Neues hört man dabei nicht, und genauso wenig schreibt man selbst viel Neues, denn auch zu diesen Themen ist längst schon alles gesagt.

Aber das macht nichts.
Es hat nämlich noch nicht jeder zugehört.

Nur weil man nach einer Überdosis Slam-Kitsch manchmal in Sprachskepsis verfällt, muss man nicht gleich den literarischen Notstand ausrufen. Nur weil es schon ein Gedicht über Walfischtränen gibt, muss man es sich nicht versagen, ein zweites zu schreiben. Vielleicht wird es das beste Walfischtränengedicht aller Zeiten. Wahrscheinlich nicht, aber vielleicht.

Und nur weil die Leute an den Pöbelstammtischen sagen: „Ich kann das langsam nicht mehr hören!", wenn gewisse Dinge zur Sprache kommen, muss niemand aufhören, diese Dinge zu sagen. Und das ist ein großes Glück.

Persönliche Befindlichkeiten sind wichtig. Sie sind interessant. Sie zählen. Sie sind nur nicht so wahnsinnig einzigartig, wie wir manchmal gern glauben. Viele unserer Gedanken sind schon gedacht, viele unserer Gefühle sind schon gefühlt.

Aber wir haben sie noch nicht gedacht, wir haben sie noch nicht gefühlt. Uns hat noch niemand zugehört, wenn wir versucht haben, sie auszusprechen. Und das macht den Unterschied. Das macht sie wieder neu. Für uns und für euch – wenn wir Glück haben.

Und vielleicht langweilt es euch, wenn ihr etwas hört, das ihr schon wisst. Vielleicht langweilt es euch, wenn jemand von Dingen erzählt, die ihr selbst schon erlebt habt. Gedanken auspackt, die ihr selbst mal hattet.

Aber vielleicht steht ihr manchmal auch hinten im Publikum und schaut nach vorne zur Bühne, oder ihr habt ein Buch in der Hand und eine Zeile, die zu euch spricht: „Ein Verbündeter. Eine Verbündete."

Oder vielleicht erratet ihr den nächsten Satz und verdreht im Stillen die Augen, weil der Text so vorhersehbar ist, dass ihr meint, ihn schon mal gehört zu haben. Aber das macht nichts. Das macht gar nichts. Manche Sätze sind es wert, dass man sie immer wieder sagt. Zum Beispiel dieser hier:

Danke fürs Zuhören.
Und vielen Dank fürs Lesen!

Nachwort
Von Cäcilia Bosch & Ansgar Hufnagel

Diese Anthologie vereint 668 Jahre geballte Lebenserfahrung. Also immerhin mehr als halb so viele Jahre, wie die Stadt Freiburg alt ist. Das ist dafür, dass die Poetry Slam-Szene Freiburgs wiederum noch nicht so alt ist, eine beachtliche Zahl!

In diesem Buch stecken:
- 20.621 bis kurz vorm Nervenzusammenbruch durchdachte Wörter
- 240 erklärende Doppelpunkte
- 1.206 entschlossene Punkte
- 1.835 ausufernde Kommas
- 18.823 verlorene Leerzeichen
- 102 enthusiastische Ausrufezeichen
- 115 fragende Fragezeichen

Da dies nun geklärt ist, kommen wir zu den wirklich wichtigen Dingen:
- Der am häufigsten verwendete Buchstabe war: E (15.896 mal)
- Der am meisten vernachlässigte Buchstabe war: Q (20 mal)

Die Zahlen zeigen, wie fleißig hier geschrieben wurde und wie vielfältig Wörter und Zeichen angewendet werden können.

Und die Zahlen zeigen auch, wie unterdrückt sich der Buchstabe Q in unserer Sprache fühlen muss. Tun Sie doch ein bisschen mehr für ihn, ja? Danke!

An mancher Stelle würde es genügen, ein Wort auszutauschen oder zu verschieben und plötzlich stünde alles in einem komplett anderen Kontext. Warum haben die Autor*innen genau dieses Wort an jener Stelle benutzt? Intuition? Alternativlosigkeit? Wissen? Zufall? Würfelglück? Fahrlässigkeit? Gras? Wir wissen es nicht.

Was wir wissen – in jeder Silbe steckt Herzblut einer Künstler*innen-Seele. Und Schweiß. Und Tränen. Und Hirnschmalz.

Man nennt es auch „Leidenschaft".

Aber jetzt genug von Pathos und Statistik – schließlich sind wir beim Nachwort, beim Ende: Also, alles auf Anfang!

Das war's dann jetzt.
Wirklich.
Und wenn Sie nicht genug bekommen möchten, fangen Sie gerne einfach wieder von vorne an.

Die Autor*innen dieser Anthologie

Jara Ahrens

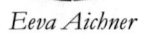

Eeva Aichner

Tobias Becker

Cay Buschmann

Christine Fritz

Paula Gaess

Ulla Skrue Klomp

Marie Lemor

Philipp Multhaupt

Jonas Stolz

Marvin Suckut

Thanu X

Bench

Cäcilia Bosch

Nele Buhmann

Alessa Heimburger

Dominik Heißler

Ansgar Hufnagel

Philipp Noller

Riccardo Raps

Simon Sahner

*Poetry Slam
Freiburg*

*Vorwort:
Sebastian 23*

*Verlag:
Dichterwettstreit deluxe*

Unsere Empfehlung:
Textsorbet - Volume 1

ISBN: 978-3-9820358-0-2 | 9,95 Euro

Jetzt in unserem Verlags-Shop bestellen:
www.dichterwettstreit-deluxe.de

Unsere Empfehlung:
Textsorbet - Volume 2

ISBN: 978-3-9820358-1-9 | 9,95 Euro

Jetzt in unserem Verlags-Shop bestellen:
www.dichterwettstreit-deluxe.de

DICHTERWETTSTREIT *deluxe*

Unser gesamtes Verlagsprogramm gibt´s unter:

www.dichterwettstreit-deluxe.de/shop

 www.dichterwettstreit-deluxe.de
facebook.com/DichterwettstreitDeluxe
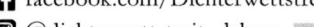 @dichterwettstreit_deluxe